W9-BVO-638

**Mary Ann F. Kohl**
**Jean Potter**

# MANUALIDADES DEL MUNDO PARA NIÑOS

**SELECTOR**
*actualidad editorial*

**SELECTOR**
*actualidad editorial*

**Doctor Erazo 120 Colonia Doctores 06720 México, D.F.**
**Tel. 55 88 72 72 Fax. 57 61 57 16**

MANUALIDADES DEL MUNDO PARA NIÑOS
Traductora: Nayeli Cortés
Colección: Manualidades

Traducción de la obra original: *Global Art* de Mary Ann F. Kohl y JeanPotter

Diseño de portada: Carlos Varela

Copyright © 1998 Mary Ann, Kohl and Jean Potter.
Published by Griphon House, Inc.
All rights reserved.

ISBN (inglés):0-87659-190-X

D.R. © Selector, S.A. de C.V. 2005
        Doctor Erazo 120, Col. Doctores
        C.P. 06720, México, D.F.

ISBN-10:970-643-838-6
ISBN-13:978-970-643-838-6

Primera reimpresión. Mayo de 2007.

Sistema de clasificación Melvil Dewey

372.5
K16
2005

F. Kohl, Mary Ann; Potter, Jean.
*Manualidades del mundo para niños* / Mary Ann
F. Kohl, Jean Potter, trad. Patricia Haw. —
México, D.F.: Selector, S. A. de C.V., 2005.
160 p.
ISBN: 0-87659-190-X inglés
ISBN: 970-643-838-6 español

1. Manualidades. 2. Entretenimiento.

# Contenido

▼ En consideración al origen de los proyectos, invenciones y manualidades que se presentan en este libro, el índice se ha organizado dentro de cada continente por país o grupo cultural.

## Capítulo 4.............................................59

### EUROPA

## Capítulo 5.............................................97

### NORTEAMÉRICA

## Capítulo 6 ...................................123

OCEANÍA (AUSTRALIA Y EL PACÍFICO DEL SUR)

## Capítulo 7 ...................................135

SUDAMÉRICA Y CENTROAMÉRICA

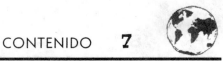

# ¡Bienvenido!

## ¿Qué es lo especial de *Manualidades del mundo para niños*?

*Manualidades del mundo para niños* es un libro de actividades que contiene más de 130 ideas artísticas de alrededor del mundo. Algunas están basadas en costumbres o celebraciones, otras en descubrimientos o invenciones y otras más en materiales autóctonos usados en la expresión artística abierta. *Manualidades del mundo para niños* combina la diversión y creatividad del arte con los misterios de la historia, el atractivo de la geografía y la diversidad de culturas del planeta.

## Proceso, no producto

Los proyectos en *Manualidades del mundo para niños* permiten a los pequeños y jóvenes artistas la exploración del mundo a través del arte, para que mediante un proceso, y no un producto, se acerquen al resultado artístico. En otras palabras, el libro hace énfasis en los procesos de exploración y creación, en lugar del producto terminado, y esto es lo más importante para el joven artista. Las actividades dan margen para que usen su imaginación y exploración, llaves para la creatividad.

### ¡El mundo del arte es una experiencia amplia y maravillosa!

## ¿Por qué es importante para los niños el arte que explora la historia y la geografía de los países?

Vivimos en un mundo de conexiones globales. Los niños escuchan acerca de los eventos mundiales, van a la escuela con niños de diferentes nacionalidades y usan productos elaborados en cualquier parte del planeta. Sin embargo, los niños aprenden mejor cuando las experiencias son significativas para su vida diaria. Así, con el uso de sus manos y experiencias artísticas concretas, los niños aprenderán acerca de miles de personas que han dado forma al planeta desde el pasado hasta nuestros días. Por medio de la exploración y la interpretación de cada actividad artística, los niños se familiarizarán con la gente y sus costumbres de una forma que es significativa para ellos. Los aspectos culturales de las actividades artísticas pueden inspirar y motivar al joven artista. A través del arte, los niños descubren cómo la geografía, la historia y el tiempo unen a las personas, cómo todos somos diferentes, cómo nos parecemos y cómo estamos conectados con la herencia cultural del pasado. El libro ofrece una variedad de experiencias artísticas mediante las cuales los niños explorarán las contribuciones de diferentes culturas. En este sentido, las actividades de *Manualidades del mundo para niños* son un trampolín hacia el arte como un lenguaje de comprensión y respeto para la diversidad del espíritu humano alrededor del mundo.

# El uso de los iconos

En cada página de *Manualidades del mundo para niños* hay una serie de iconos en la esquina superior izquierda para ayudar al pequeño artista y a su supervisor adulto en la selección del proyecto. Estos iconos son únicamente sugerencias. Mantenga en mente los intereses del artista y acérquese a cada actividad de acuerdo con sus méritos propios, sin importar la edad o nivel de experiencia.

## Nivel de experiencia

El icono de experiencia ayuda a escoger un proyecto con base en el grado de dificultad que pudiese tener.

 Una estrella para el artista principiante con poca experiencia

 Dos estrellas para el artista con algo de experiencia

 Tres estrellas para el artista con más experiencia

La edad y la habilidad no van necesariamente de la mano; por tanto, los iconos de experiencia indican que corresponden a artistas nuevos o principiantes, los de nivel medio para aquellos con algo de experiencia y los avanzados para quienes tienen mayor experiencia.

## Sugerencia: primero lea toda la actividad y después junta todos los materiales necesarios antes de comenzar.

## Técnicas artísticas

Los iconos de técnica artística muestran cuál es el medio artístico primordialmente usado en el proyecto. Muchos proyectos incorporan más de un medio artístico; el icono muestra el principal.

 Pintura

 Dibujo

 Escultura

 Collage

 Construcción

 Impresión

## Planeación y preparación

Los iconos de planeación y preparación muestran qué tan fácil o difícil es prepararse para la actividad.

**1** Todos los materiales son fáciles de reunir en casa o en la escuela

**2** Todos los materiales son conocidos, pero tal vez tengan que ser adquiridos o reunidos antes de comenzar la actividad.

**3** Requiere materiales que no sean muy conocidos, pero fáciles de adquirir, tales como: cera de abeja (se puede comprar en las tiendas de arte) o una pantalla para ventana (en la tlapalería).

# África

En la actualidad África es un continente con ciudades modernas, vastos desiertos y selvas tupidas, que nos proporciona algunas de las más diversas culturas y manifestaciones artísticas. La mayor parte del arte africano se origina en las actividades cotidianas y va desde diseños en tela hasta canastas tejidas. El arte de África expresa la vida tribal y sus tradiciones; de hecho, gran parte del arte antiguo y artesanías de África están floreciendo y hoy en día son de uso común. Nuestros jóvenes artistas explorarán muchas tribus y países africanos a través del arte. Cara pintada de Nuba, ropa impresa Ashanti, tambor decorado Senufo, máscaras de animales de Camerún, esculturas Galimoto de Malawi, espantamoscas Ilukeres de Ghana, colgantes reales de Nigeria y Marfil del Congo, entre una veintena de exploraciones, invitarán al joven artista a conocer las naciones africanas más de cerca de través de su joyería, telas, pintado de la cara y otras excitantes obras de arte.

## Bibliografía seleccionada

*Abiyoyo*, de Peter Seeger (Simon & Schuster, 1994)

*Birnwili y el Zimwi*, de Mary Hoffman (Dial, 1995)

*Cuántas manchas tiene un leopardo y otros cuentos*, de Julius Lester (Scholastic, 1989)

*De Ashanti a Zulú: Tradiciones Africanas*, por Margaret Musgrove (Dial, 1976)

*Jambo significa Hola*, de Muriel Feeling (Dial, 1985)

*Sombra*, por Blaise Cendrars (Simon & Schuster, 1982)

*Un País Lejano*, de Nigel Gray (Orchard, 1989)

## África Central

*A Chidi sólo le gusta el azul*, de Ifeoma Onyefulu (Penguin, 1996)

*A de África*, de Ifeoma Onyefulu (Dutton, 1993)

*El regalo de Emeka*, de Ifeoma Onyefulu (Dutton, 1995)

## África del Este

*El pueblo de casas redondas y cuadradas*, de Ann Grifalconi (Little Brown, 1986)

*Moja significa Uno*, de Muriel Feelings (Penguin, 1971)

*Trayendo la lluvia a la planicie Kapiti: Un cuento*, por Verna Aardema (Dial, 1981)

## Egipto

*El día del secreto de Ahmed*, de Florence Parry Heide (Lothrop, 1990)

*El Nombre Cien*, de Shulamith Levey Oppenheim (Boyd Mills, 1995)

*Magid ayuna para el Ramadán*, de Mary Matthews (Clarion, 1996)

*Momias hechas en Egipto*, de Aliki (Harper Collins, 1979)

## Ghana

*Una historia, una historia*, de Gail E. Haley (Simon & Schuster, 1970)

## Malawi

*Galimoto*, de Karen Lynn Williams (Morrow, 1991)

## Sudáfrica

*El día que Gogo fue a votar*, de Elinor Batezat Sisulu (Little Brown, 1996)

*La oscuridad y la mariposa*, de Ann Grifalconi (Little Brown, 1987)

*La Paloma*, de Dianne Stewart (Greenwillow, 1993)

*No tan Rápido, Songololo*, por Niki Daly (Simon & Schuster, 1986)

## África occidental

*Colores Kenti*, de Debbi Chocolate (Walker, 1996)

*El Conejo Zoma*, de Gerald McDermott (Harcourt Brace, 1992)

*La araña Anansi: un cuento de los Ashanti*, por Gerald Mc Dermott (Holt, 1972)

*Las hermosas hijas de Mufaro: un cuento africano*, por John Steptoe (Lothrop, 1987)

*Por qué los mosquitos hacen ruido en los oídos de las personas: un cuento de África del Oeste*, por Verna Aadema (Dial, 1975)

# Ropa impresa con lija

Los jóvenes artistas crean sus propios patrones para ropa usando lija y crayones, y planchando permanentemente la cera del crayón en la tela.

## Materiales

Lija
Crayones
Tijeras viejas
Pedazo de tela de algodón de color claro
Periódicos
Papel prensa
Una plancha caliente (en "bajo" o "low")

## Proceso

1. Dibuja una figura en la parte posterior de la lija.
2. Recórtala.
3. Dibuja otras figuras en hojas adicionales de lija y recórtalas también.
4. Coloca las figuras debajo de la tela con la lija hacia arriba.
5. Con los crayones colorea a tu gusto sobre la tela y observa cómo van apareciendo símbolos de las figuras que tiene por debajo. Usa muchos y diferentes colores brillantes.

▲ Nota: Sostén la tela (y los pedazos de lija) en su lugar con cinta adhesiva y será más fácil colorear con los crayones.

6. Cambia las figuras de lugar para que hagas patrones que se conecten unos con otros.
7. Cuando termines de colorear coloca la tela en la pila de periódicos con el lado coloreado con crayón hacia abajo.
8. Cubre la tela con un pedazo limpio de periódico para proteger la plancha.
9. Con la supervisión de un adulto, plancha la tela para derretir el crayón en la tela y fijar los diseños.

## ASHANTI, GHANA

### ¿Sabías que...?

La gente ashanti es el grupo étnico más grande en Ghana, país de África Occidental. La mayoría de los ashanti viven en la parte sur central de Ghana, en la región Ashanti. Los tejedores ashanti son famosos por su producción de colorida ropa kente. Los ashanti dan color a sus telas pintando y estampando patrones en ellas. Cada prenda es brillantemente coloreada y contiene patrones con diseños intrincados que representan su herencia.

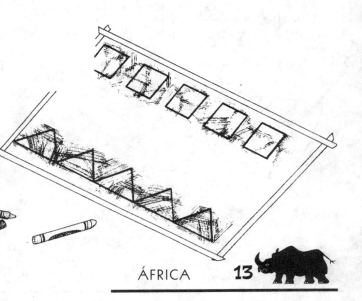

ÁFRICA  **13**

# Máscaras de Animales

**BAMILEKE, CAMERÚN**

## ¿Sabías que...?

La gente de Bamileke, Camerún, usa diseños de animales en sus máscaras. Una máscara decorada con figuras geométricas y triángulos blancos puede representar la piel de un leopardo la cual, según los bamilekes, representa la realeza. La rana es un símbolo de fertilidad o la habilidad para tener muchos hijos. Los símbolos que muestran fuerza, inteligencia y estatus (la importancia de alguien en la sociedad) son para atraer suerte y prosperidad a la gente que usa las máscaras.

Los jóvenes artistas elaboran máscaras con yeso en una caja molde de arena y las decoran con sus propios símbolos de importancia.

## Materiales

Arena
Agua en un recipiente
Cucharas, palitos y cuchillos sin filo, así como otros utensilios para esculpir
Yeso blanco
Recipiente y cucharas para mezclar
Plumones o marcadores de colores

## Proceso

1. Encuentra un área de arena, ya sea en la playa o en una caja de arena, que esté tersa, firme y aplanada, o pon un poco de arena en un recipiente plástico y humedécela bien con agua.
2. Traza y cava un hoyo en la arena con la forma deseada de la máscara. Un óvalo es la figura apropiada, pero puede tener cualquier otra forma.
3. Humedece la arena nuevamente, con cuidado de no dañar la figura.
4. Esculpe formas en la arena para hacer la cara de la máscara más interesante, pueden ser diseños o simplemente hendiduras.
5. En el recipiente mezcla el yeso blanco de acuerdo con las instrucciones de su empaque. Vierte el yeso sobre la máscara dibujada en la arena.
▲ Nota: Nunca enjuagues el yeso hacia una tubería o podrías ocasionas que se tape. Deja que seque el yeso y tira los pedazos a la basura o úsalos en el jardín.
6. Deja secar el yeso y luego saca la máscara de la arena con cuidado. Quita la arena sobrante con una brocha.
7. Déjala secar completamente. Cuando esté lista usa tus marcadores para decorarla con símbolos que representen animales.
8. Exhibe la máscara en una mesa, cuélgala o colócala en una repisa como decoración.

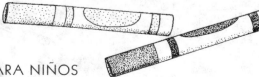

# Decoración dogon para puerta

**!** precaución    **✎** dibujo    **2** preparación    **⦿** alguna experiencia

Los jóvenes artistas elaboran modernos colgantes para puertas, similares a los usados por el pueblo dogon en África.

## Materiales

Tabla de madera de aproximadamente 15 x 30 cm
Lápiz
Plumones de colores
Materiales de la naturaleza, tales como:

| | | |
|---|---|---|
| Plumas | Pasto | Yerbas |
| Hojas | Conchas | Piedrecillas |

Pegamento
Taladro eléctrico, requiere ayuda de un adulto
Cuerda

## Proceso

1. Usa el lápiz para hacer diseños en la parte tersa de la madera que simbolicen algo importante para el artista. Por ejemplo: Dibuja tu deporte favorito, tu mascota, un miembro de tu familia, un símbolo religioso, una casa o automóvil.
2. Usa tus plumones para colorear los diseños y símbolos.
3. Decora la madera con los otros materiales de la naturaleza pegándolos en la tabla.
4. Con la ayuda de un adulto, perfora dos hoyos de aproximadamente 3 centímetros de distancia de la parte central superior de la madera. Pasa el lazo a través de los hoyos y anúdalo en la parte posterior para poder colgarlo.
5. Pide permiso para colgar la placa decorativa en alguna puerta de la casa, en una cerca o un buzón; inclusive, en un salón de clase.

## Variación

✔ Coloca barro para modelar en una mesa y aplánalo con un amasador. Usa un lápiz para grabar dibujos y diseños en el barro. Haz hoyos en la parte superior y pasa un lazo a través de ellos para colgarlo cuando seque.

### DOGON, MALI

## ¿Sabías que...?

Un pueblo dogon en Malí tiene edificios para almacenar grano llamados graneros, los cuales son muy importantes para la existencia de la gente dogon. Debido a su importancia, la gente dogon casi siempre decora las puertas de los graneros para demostrar respeto. Mucha gente dogon ha vivido de esta manera por siglos sin cambiar sus costumbres y tradiciones antiguas. La mayoría usa ropa tradicional y habita en viviendas tradicionales.

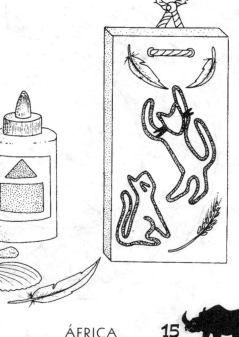

# Collares decorativos

**ÁFRICA CENTRAL**

## ¿Sabías que...?

Durante cientos de años, las mujeres de África Central han usado bellos collares de metal. Estos collares han sido copiados por muchos, incluyendo versiones en ropa que se utiliza actualmente.

Los jóvenes artistas usan platos de papel para hacer collares, como los que se utilizan en África Central.

## Materiales

Platos grandes de cartón
Plumones y crayones
Tijeras

## Proceso

1. Recorta las orillas de los platos de cartón.
2. Colorea únicamente las orillas de los platos usando diferentes formas, diseños y colores.
3. Corta de afuera hacia dentro del plato para llegar al círculo interior.
4. Recorta todo el círculo interior para eliminarlo y que quede sólo la orilla decorada.
5. Ponte el collar hecho con el plato alrededor del cuello y listo.

# Grabados antiguos

| ! | ✏ | 2 | ★★ |
|---|---|---|---|
| precaución | dibujo | preparación | alguna experiencia |

Los jóvenes artistas pueden representar una escena de la vida actual grabando símbolos en barro, usando las mismas técnicas utilizadas hace siglos en Egipto.

## Materiales

Una taza (250 ml) de levadura
½ taza (125 ml) de maizena
⅔ de taza (150 ml) de agua tibia
Sartén y estufa
Tabla para cortar pan

Papel encerado o de otro tipo para secar el barro
Clavo largo para grabar los diseños
Betún para zapatos y trapo
Esmalte para uñas (opcional)

## Proceso

1. Prepara el barro sintético: Mezcla la levadura y la maizena en una sartén. Agrega el agua y mueve hasta que suavice. Con la ayuda de un adulto, coloca la sartén en la estufa a fuego lento a que hierva, mientras agitas la mezcla hasta que tome la consistencia de puré de papa. Ponla a enfriar y amasa.
2. Extiende el barro sobre el papel encerado. Forma un rectángulo u óvalo grande o varios pequeños.
3. Déjalo secar. Este barro seca rápido y puede ser usado el mismo día.
4. Cuando seque, usa el clavo para grabar ya sean diseños o jeroglíficos sobre la superficie del barro seco. Piensa en símbolos que pudiesen representar al artista tales como:

    Pelota de futbol        caballo        nota musical
    bicicleta               mascota        libro

    Los símbolos jeroglíficos auténticos, como lo muestra la ilustración, pueden también ser grabados.
5. Unta con el trapo un poco de betún para los zapatos sobre el rectángulo grabado, para que se vea viejo y cubra algunos de los diseños.
6. Si lo deseas el barro sintético puede ser cubierto con esmalte para uñas cuando seque para darle una capa protectora y brillante.

### EGIPTO

## ¿Sabías que...?

Las tumbas antiguas de los faraones y reinas fueron decoradas con dibujos que representaban la vida diaria. Los dibujos son conocidos como jeroglíficos, que es un tipo de lenguaje hecho con símbolos y dibujos.

ÁFRICA

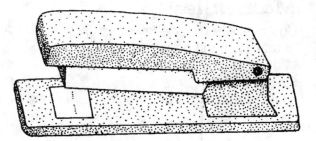

# Espantamoscas ilukeres

**GHANA**

Los jóvenes artistas construyen un espantamoscas con tubos de cartón y tiras de papel para portarlo como la realeza. Los artistas pueden disfrutar leyendo, *Una Historia*, de Gail Haley (Atheneum, 1970)

## ¿Sabías que...?

Los reyes de una aldea shanti en Ghana portaban ilukeres para hacer notar su rango real y espantar los insectos voladores. Generalmente estaban hechos de colas de animales y tenían agarraderas doradas y grabadas. Se pueden mover de un lado a otro para espantar las moscas.

## Materiales
Papel crepé y otro papel
Tijeras
Cinta adhesiva o engrapadora
Tubo de cartón
Cordón o cuerda
Marcadores o plumones de colores

## Proceso
1. Corta varias tiras de papel crepé de aproximadamente 13 cm de largo.
2. Corta varias tiras de otro papel de aproximadamente 13 cm de largo.
3. Junta las tiras de papel crepé con las otras, pégalas con cinta o engrapadora a uno de los extremos del tubo.
4. Añádele una cuerda o cordón en el extremo opuesto del tubo para que el ilukeres se pueda llevar.
5. Decora la agarradera con los marcadores, de manera que sea símbolo de la realeza de la persona que lo porta.
6. Espanta las moscas reales o imaginarias.

# Marfil sustituto

El marfil proviene de los colmillos de los elefantes, que con frecuencia son asesinados ilegalmente para apoderarse de sus colmillos de marfil. Ésa es la razón por la cual el marfil no debe de comprarse. Los jóvenes artistas crean formas hechas con marfil sustituto elaborado con jabón y agua.

## Materiales
Bolsa de plástico con cierre hermético
Agua
Barra de jabón
Clavo
Cuerda

## Proceso
1. Llena la bolsa con agua.
2. Pon la barra de jabón en la bolsa.
3. Coloca la bolsa en una superficie plana para que el agua cubra el jabón.
4. Deja que la barra de jabón se humedezca en el agua por una o dos horas. De vez en cuando toca el jabón a través de la bolsa; cuando se sienta suave por ambos lados ya está listo para usarse.
5. Saca el jabón de la bolsa, apriétalo y moldéalo con tus manos para darle la forma de una figura.
6. Haz un hoyo en la parte superior de la figura con el clavo, coloca un lazo a través del hoyo y déjalo secar.
7. Cuélgate la figura de jabón en tu cinturón o de una trabilla y baila con la figura colgando del cinturón.

**LEGA, CONGO**

### ¿Sabías que...?

El pueblo lega, en el Congo Oriental, creaba pequeñas figuras de marfil que se exhibían juntas o se usaban en sus bailes. Las figuras eran atadas a la frente de los bailarines o a sus brazos, piernas, pecho o estómago. Cuando un miembro o líder de la tribu muere, su figurilla es ofrecida a algún integrante de su familia con nivel similar.

# Esculturas galimoto

**MALAWI**

Los jóvenes artistas tuercen alambres para elaborar esculturas galimoto u otras figuras esculturales. Lee *Galimoto*, de Karen Lee Williams (Morrow, 1991)

## ¿Sabías que...?

Los niños de Malawi juntan pedazos de alambre para enrollarlo en sus juguetes. En especial les gusta enrollarlo en sus cochecitos y otros vehículos. Galimoto significa automóvil en el idioma nacional malawi que es el chichewa.

## Materiales
Alambre cubierto de plástico de colores (reciclado de sobrantes de cable de teléfono)
Tijeras
Palitos

## Proceso
1. Utiliza los pedazos de alambre para darle forma de automóviles u otras ideas que tengas.
2. Agrégale algunos pedazos más de alambre de colores para añadirle características y detalles.
3. Enrolla un pedazo de alambre en el palito y añádelo a tu escultura de alambre.
4. Coloca el palito en la tierra, pasto o jardín para que la escultura quede fija.

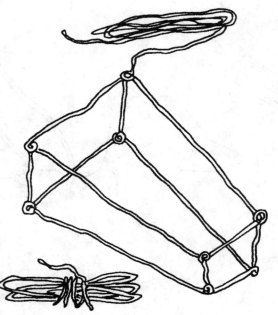

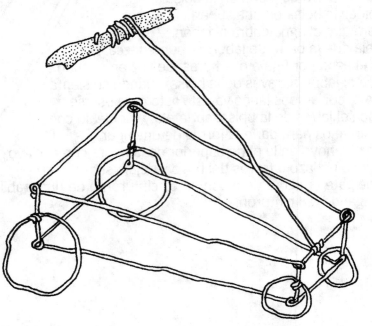

# Colgantes de la realeza

escultura | 2 preparación | experto

Los jóvenes artistas pueden hacer placas de yeso blanco usando símbolos para representar los objetos, ideas y características que son importantes para ellos y sus familias.

## Materiales
Yeso blanco
Recipiente de aluminio para pastel
Materiales recolectados como:
> hojas, ramas, flores, plumas, conchas, joyería de juguete, cunetas, botones, lazos, diamantina y otros que se te ocurran

Marcadores o plumones de colores
Pegamento
Cordón
Contenedor desechable, agua y cuchara para mezclar
Palo

## Proceso
1. Mezcla el yeso blanco en el recipiente desechable con una cuchara y siguiendo las instrucciones del paquete. Rápidamente vierte el yeso en el recipiente de aluminio.
▲ Nota: Nunca viertas el yeso en un lugar que dé a la cañería ya que la puedes tapar y dañar; deja que el yeso seque, pártelo en pedazos y tíralo a la basura o úsalo en el jardín.
2. Perfora el yeso con el palo para hacer dos hoyos, en los cuales vas a colocar el cordón que servirá para colgarlo, una vez que el yeso esté seco.
3. Añade al yeso los materiales que recolectaste haciendo un diseño decorativo en la placa. Trabaja rápidamente para que termines antes de que seque el yeso.
4. Deja que seque el yeso por varios minutos.
5. Continúa decorando la placa con tus marcadores de colores, las lentejuelas y la diamantina. Utiliza símbolos para representar los objetos, ideas o características que sean importantes para ti. Algunas ideas de símbolos podrían ser: el Sol, una carita sonriente, perro, pelota, caña de pesca o símbolos de festividades como: conejo, árbol, calabaza, bandera, corazón o canasta.
6. Deja que seque el yeso un poco más y sácalo del recipiente. Pasa el cordón a través de los hoyos para poderlo colgar. Cuelga la placa a la entrada de tu casa, salón de escuela, club o casa de un amigo.

**NIGERIA**

## ¿Sabías que...?

En Nigeria y otras naciones africanas han sido creados objetos de arte muy hermosos para las cortes reales. Una forma de demostrar que en ese lugar en particular vive la realeza es por medio de elaborar una placa y colocarla en los pilares de madera a la entrada del palacio real. Tradicionalmente el arte en estos reinos era una comisión del gobierno y tenía el propósito de enaltecer y mantener el estatus de los gobernantes.

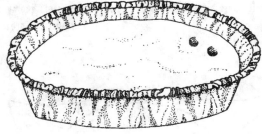

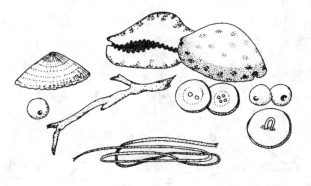

ÁFRICA **21**

# Pintura de lodo

### SENUFO, COSTA DE MARFIL

## ¿Sabías que...?

El arte elaborado por la tribu senufo de Costa de Marfil incluye pintura de lodo. Los senufo estiran la tela y la tensan en una tabla de madera y los artistas pintan animales usando lodo negro brillante. La tela es entonces usada para elaborar ropa tradicional.

Los cazadores usan la ropa como camuflaje ya que los patrones blanco y negro son difíciles de ver entre los árboles y arbustos. Las figuras de animales eran símbolos para protección contra el peligro y se creía que ayudaban al cazador a atrapar una presa grande.

Los jóvenes artistas crean pinturas con lodo (especialmente en un día lluvioso) usando aros para tejer y lodo verdadero.

## Materiales

Tela o muselina sin decolorar
Aros para bordado
Agua
Cuchara

Plato hondo
Lodo o barro
Pincel

## Proceso

1. Coloca la tela o muselina en el aro para bordar tensándola con fuerza. Ponla a un lado.
2. Pon unas cuantas cucharadas de lodo en el plato hondo. Agrega un poco de agua para adelgazarlo.
3. Mezcla el lodo con el agua hasta que sea lo suficientemente delgado para poder usarlo como pintura con el pincel. No tiene que estar completamente disuelto pero el agua debe tener un color firme.
4. Remoja el pincel en el agua lodosa.
5. Utiliza el agua lodosa para pintar animales u otros diseños sobre la muselina.
6. Seca la tela, quítala del aro de bordar o sécala con el aro puesto.

## Variación

✔ Para una variante más grande que el aro, estira la tela sobre las orillas de un tablero hasta que quede tensa. Pinta un diseño más grande en la tela estirada.

# Tambor decorado

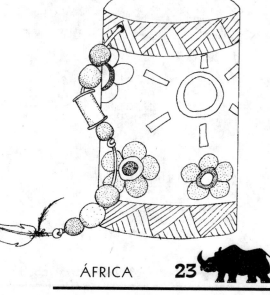

construcción | preparación | principiante

Los jóvenes artistas hacen tambores decorados y bailan con su ritmo.

## Materiales

Bote de cartón de avena con tapa, limpio
Cartoncillo o papel hecho a mano
Marcadores o plumones de colores
Pegamento blanco
Cuerda
Varios materiales decorativos tales como:

| | |
|---|---|
| Botones | plumas |
| Flores secas | cuentas |
| Carretes de hilo | hojas |

## Proceso

1. Utiliza los marcadores o plumones para decorar el cartoncillo usando símbolos que puedan tener algún significado especial. Los símbolos deben de representar algo importante para ti como artista. Algunas ideas podrían ser: el Sol, una caña de pesca, una manzana, un libro, una bicicleta o animales salvajes.
2. Pega el cartoncillo alrededor de la sección de la etiqueta del bote de avena y colócalo a un lado.
3. Sujeta en la cuerda los artículos que recolectaste.
4. Perfora un hoyo en un lado de la parte superior del bote y otro en el lado opuesto, y une allí la cuerda con los materiales, de manera que cuelguen del tambor.
5. Usa el bote como tambor en una danza o simplemente para hacer música golpeándolo en las superficies.

**SENUFO, COSTA DE MARFIL**

### ¿Sabías que...?

Los tambores se emplean en ceremonias en las cuales se usan máscaras y también para comunicarse entre tribus y poblados. Los tambores marcan el ritmo e indican a los bailarines cuándo cambiar sus pasos. Los animales dibujados en los tambores tienen significados especiales. Los senufo creen que el búfalo fue el primer animal sobre la Tierra y que es un mensajero entre los humanos y los dioses, y que el cocodrilo es un símbolo de la fertilidad.

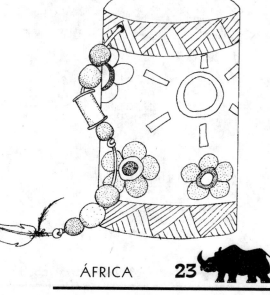

ÁFRICA 23

alguna experiencia

**2** preparación

construcción

# Colgante bambulina

**ÁFRICA DEL SUR**

## ¿Sabías que...?

Los sudafricanos hacen tejidos de colores brillantes llamados bambulinas. Éstos son materiales tejidos holgadamente, que luego son decorados y a menudo se usan como colgantes en las paredes.

Los jóvenes artistas elaboran tejidos de bambulina con tela burda y estambre, para disfrutarlos como colgantes de una pared o adorno de mesa.

## Materiales

½ m de tela burda
Tijeras
Palo o vara
Cinta o engrapadora
Estambre de diferentes colores
½ m de flecos con pompones o barbas de colores, opcional

## Proceso

1. Corta un pedazo de tela burda en forma de cuadro de cualquier tamaño. Recorta y elimina la orilla para que quede sin dobladillo.
2. Usa la cinta o la engrapadora para unir la tela al palo o vara. Corta un pedazo de estambre y amárrala al palo para colgar la tela.
3. Mira la tela, jala un extremo de hilo y sácalo por completo del tejido. Quita hilo suficiente para lograr un espacio de 2 pulgadas (5 cm) de ancho.
4. Mueve el cuadro de tela un poco hacia abajo. Repite el paso anterior eliminando hilo.
5. Haz lo mismo un poco más hacia abajo del cuadro (como en el dibujo).
6. Corta varios tramos de diferentes colores y tamaños de estambre.
7. Junta varias cuerdas en los espacios donde removiste hilo. Amarra pedazos pequeños de estambre alrededor de las cuerdas de tela para hacer triángulos.
8. Continúa amarrando estambre en todos los espacios donde quitaste hilo.
9. Como idea opcional y para agregarle un interés adicional, agrega unos flecos con bolas o barbillas a tu colgante bambulina.
10. Cuelga tu bambulina en la pared o úsalo como adorno de mesa.

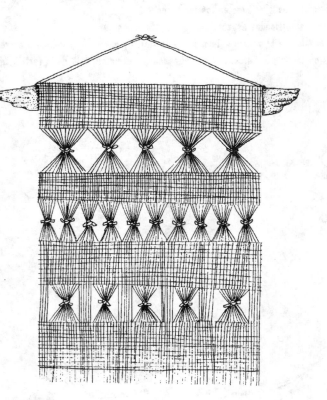

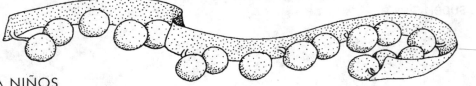

24 MANUALIDADES DEL MUNDO PARA NIÑOS

# Cara pintada

Los jóvenes artistas pueden pintar sus caras como los nuba del sureste africano o crear sus propias ideas originales.

## Materiales

Loción para las manos
Pinturas de témpera y pinceles
Platos pequeños, uno para cada color
Espejo
Pañuelos desechables y bolas de algodón
Toalla viejas para la cara

## Proceso

### PINTURA TRADICIONAL DE NUBA DEL SURESTE

1. Mezcla varias gotas de pintura de témpera con un poco de loción para las manos en los platitos, un plato para cada color.
▲ Nota: Esto hará una bonita cara pintada fácil de despintar con un pañuelo desechable.
2. Delinea un triángulo alrededor de cada ojo y sobre las mejillas.
3. Rellena los triángulos con pintura amarilla.
▲ Nota: Ten cuidado de no poner pintura en los ojos, párpados y pestañas.

### PINTURA DE LA CARA

1. Coloca un espejo sobre una mesa junto con las pinturas mezcladas, las brochas y los pañuelos desechables.
2. Mira tu cara en el espejo mientras pintas tus diseños sobre las mejillas, nariz, frente, barbilla y alrededor de ojos y boca. Asegúrate de no pintarte la boca ni los ojos.
3. Para quitar la pintura, métete a la regadera y date un baño tallando todos los lugares pintados. Si no es fácil darte un baño completo, humedece pañuelos desechables o bolas de algodón con loción para las manos y tállate suavemente para quitar la pintura. Con una toalla vieja para la cara y un poco de loción te puedes quitar la pintura sobrante.

**NUBA DEL SURESTE, SUDÁN**

## ¿Sabías que...?

Un pequeño grupo de gente de Nuba del Sureste vive en las remotas montañas del Sudán, un país del África Nororiental. Los hombres de esta cultura pintan sus caras con diseños elaborados. Ellos consideran que pintar su cara es una obra de arte y cada día pintan un diseño diferente, como lo haría cualquier artista sobre un lienzo.

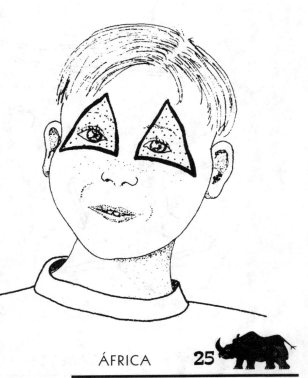

# Amuletos grigri para la felicidad

**ÁFRICA TRADICIONAL**

## ¿Sabías que...?

Hace muchos años, los amuletos grigris eran usados por la gente de tribus y países de toda África. Los grigris podían hacerse de piel, marfil, fibras, hueso, metal y algunas veces de oro y se pensaba que tenían poderes sobrenaturales para la buena suerte, protección y felicidad.

Hoy los grigris se usan en el norte de África y son hechos de piel con símbolos y diseños impresos en ellos.

Los jóvenes artistas pueden elaborar amuletos grigri con corcho y enlazarlos a una cuerda, para usarlos alrededor del cuello como collares para la buena suerte y la felicidad.

## Materiales

Una hoja de corcho delgado o tablero de avisos.
Marcadores o plumones de colores
Tijeras
Perforadora de papel
Lazo o cuerda de 60 cms. de largo

## Proceso

1. Diseña y colorea un símbolo grigri en la hoja de corcho. Cualquier forma o diseño que te agrade.
2. Recorta el símbolo con las tijeras.
3. Perfora un hoyo en la parte superior del símbolo de corcho con la perforadora.
4. Inserta el lazo a través del hoyo para hacer un collar.
5. Átalo alrededor de tu cuello y úsalo como amuleto para la buena suerte y la felicidad.

# Animales abstractos

Los jóvenes artistas hacen animales abstractos con objetos de la naturaleza.

## Materiales

Ramitas
Materiales de la naturaleza recolectados en el campo, como:

| | | |
|---|---|---|
| Varas | Pasto | Conos de pino |
| Yerbas | Piedras | Hojas |

Pegamento (preferentemente silicón, aplicado con la supervisión de un adulto)

## Proceso

1. Estudia las ramitas con cuidado y decide cuáles se pueden usar mejor para formar figuras de animales.
2. Organiza todas la ramitas y el resto del material.
3. Pega los materiales para hacer una figura abstracta de animal. Las piernas pueden ser muy largas, la nariz curva o chueca y otras formas exageradas harán criaturas más divertidas.
4. Pega otros materiales al cuerpo del animal para resaltar alguna de sus partes, tales como: piedras para los ojos o pedazos de pasto o yerbas para la cola.

## Variación

✔ Haz personas en vez de animales. Agrega sobrantes de tela y recortes de costura para la ropa.

### ÁFRICA TRADICIONAL

## ¿Sabías que...?

Algunos objetos de arte de África casi siempre se ven de cierta manera por razones específicas. Mucho del arte africano no tiene la intención de ser realista. Los artistas tradicionales africanos están más interesados en reflejar algún ideal del mundo invisible, como cosas de la imaginación, del mundo espiritual o de creencias mitológicas o religiosas; en ese sentido sus creaciones son a menudo abstractas y no realistas.

# Pirograbado en madera

**ÁFRICA OCCIDENTAL**

## ¿Sabías que...?

Por generaciones, la gente de África Occidental ha labrado máscaras de madera y otros objetos. El grabado en madera es una forma de arte muy antigua. El grabado quemado en madera también es otra técnica que consiste en dibujar sobre la madera con un palo ardiendo o pedazos de carbón.

Los jóvenes artistas realizarán, con la supervisión de un adulto, un bello y simbólico pirograbado, quemando un dibujo sobre madera y utilizando un cautín.

## Materiales

Cautín soldador (con la supervisión de un adulto)
Tabla de pino de 6 x 8 pulgadas (15 x 20 cm) aproximadamente
Lija de grano fino
Lápiz
Trapo
Pintura de laca

## Proceso

▲ Precaución: Se debe de tener mucho cuidado y precaución con esta actividad. La supervisión de un adulto es absolutamente necesaria.
1. Calienta el cautín y mantenlo en un lugar seguro.
2. Lija la tabla de pino sobre la superficie en la que vas a trabajar. La madera debe de estar perfectamente lisa.
3. Primero usa el lápiz para diseñar tu dibujo de una manera sencilla.
4. Con la ayuda de un adulto, utiliza el cautín para pasarlo sobre las líneas de tu dibujo y lentamente quemar la madera.
5. Continúa quemando la madera hasta terminar.
6. Apaga tu cautín y pídele a un adulto que lo ponga en un lugar seguro.
7. Para añadirle brillo y que tu diseño se vea mejor, pasa un trapo mojado con pintura laca sobre el diseño.

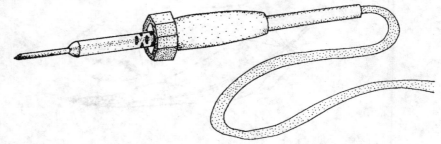

# Escarabajos de piedra

Los jóvenes artistas hacen escarabajos y otros insectos, usando piedras redondas decoradas con pinturas de témpera.

## Materiales

Piedras redondas y tersas, pequeñas o medianas
Jabón y agua
Toalla
Pinturas de témpera y pinceles
Aerosol para el cabello

## Proceso

1. Lava las piedras con agua y jabón.
2. Seca las piedras con una toalla.
3. Pinta la piedra en un color sólido. Déjala secar.
4. Después de que la primera mano de pintura seque, pinta líneas y ojos sobre la piedra de manera que parezca escarabajo o algún otro insecto.
5. Después de que seque la pintura dale a la piedra pintada una capa de aerosol para obtener una cubierta brillante.

**EGIPTO**

## ¿Sabías que...?

Hace siglos los egipcios consideraban al escarabajo como sagrado.
Se hicieron representaciones del escarabajo en cerámica y en piedra, para simbolizar el alma del hombre.

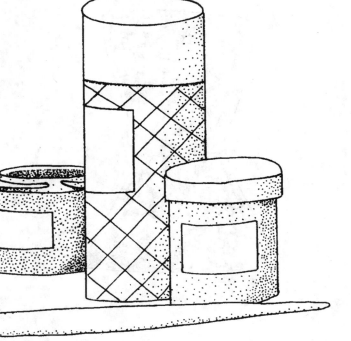

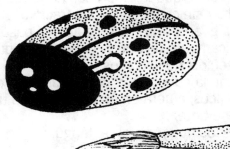

# Túnica teñida con nudos

experto | 2 preparación | pintura | ! precaución

**YORUBA, NIGERIA Y ÁFRICA OCCIDENTAL**

## ¿Sabías que...?

El tinte en tela es una forma de arte que surge de África Occidental, desde Camerún hasta Liberia y Nigeria. Los colores y figuras son únicos en cada ciudad y cada tribu. Por ejemplo, el tinte de Yoruba en Nigeria es color índigo y, al secar, rocían todavía más índigo y remojan la tela en resina de madera para que brille.

Hay muchas maneras de teñir con nudos. Los jóvenes artistas pueden comenzar con un pedazo de tela rectangular hecha nudos y sumergiéndola en una solución de tinte, para elaborar una bella pieza de ropa que pueden usar. Cuando se quitan los nudos se descubren bellos patrones y diseños.

## Materiales

Sábana vieja de algodón o muselina
Tijeras
Tintura o tinte para teñir tela, azul marino u otro color oscuro
Cubetas
Rafia, cuerda o ligas
Plancha
Aguja para coser
Lápiz

## Proceso

1. Haz un rectángulo con la sábana vieja para cubrir frente y espalda de la persona.
2. Corta un hoyo en forma de V o T al centro del rectángulo, para la cabeza y cuello de la persona. El rectángulo de tela debe quedar sobre los hombros y colgar sin coser (ver la ilustración).
3. Usa guantes para los siguientes pasos. Únicamente un adulto deberá manipular el teñido, no los niños.
4. Llena la cubeta con tinte azul para ropa. Coloca la cubeta sobre una lona o periódicos, afuera en el pasto. Coloca una cubeta con agua limpia cerca de la que tiene tinte.
5. Haz los nudos en el rectángulo.

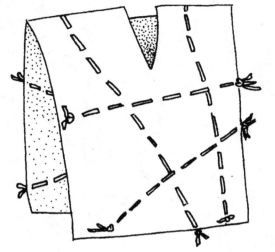

6. El adulto sumerge la tela anudada en la cubeta con tinte, siguiendo las instrucciones para teñir que vienen en el paquete.
7. Remoja la tela en la cubeta con agua limpia.
8. Deja secar la tela toda la noche sobre los periódicos; después desanuda. ¡Fantástico! Mira esos fabuloso patrones y diseños.
9. Plancha la prenda y úsala como túnica.

## MÉTODO MÁS COMPLICADO PARA TEÑIR

1. Dibuja algunas líneas simples sobre la tela con un lápiz.
2. Ensarta un hilo o un pedazo de rafia en la aguja. Ata un nudo en uno de los extremos.
3. Cose sobre las líneas metiendo y sacando el hilo con el sistema llamado tejido de punto. Cuando llegues al final de la línea, haz otro nudo en la rafia o hilo, pero no cosas el nudo en la tela.
4. Cuando hayas terminado de coser todas las líneas, une cada uno de los nudos de rafia o hilo para que la tela quede apretada y átalos.
5. Junta el resto de la tela y haz más amarres con ligas o cuerdas.
6. Siguiendo las instrucciones en el paquete, un adulto sumerge la tela ya lista en la cubeta con tinte azul. *Estos pasos no los seguirá el niño.*
7. Enjuaga y exprime la tela; déjala secar sobre periódicos toda la noche.
8. Quita la rafia y las demás ataduras y revela los patrones teñidos.
9. Plancha la prenda y úsala. Puedes usarla con un cinturón, como una túnica, si así lo deseas.

Tinte
para tela

## Antártida

# Antártida

Casi nadie viaja a la Antártida, excepto científicos y algunos viajeros que les gusta la aventura, esto a causa del hielo y el clima extremadamente frío. ¡Más de una tercera parte de la Antártida está congelada! Algunos miles de personas permanecen ahí durante el verano, pero sólo unos cientos viven ahí en el invierno para estudiar el continente. No hay en particular ningún arte, artesanías o invenciones que sean parte de la cultura antártica porque la gente sólo viene a estudiar y a explorar. Por lo tanto, las actividades artísticas incluidas aquí son sólo para ayudar a los jóvenes artistas a explorar el clima de la Antártida más que las culturas o los descubrimientos. La Antártida permanece como una frontera congelada con mucho que aprender sobre ella. Sin embargo los jóvenes artistas pueden disfrutar creando e imaginando a través de proyectos como: pingüinos de barro de sal, plantillas viento de nieve, jabón de nieve y escultura blanca.

## Bibliografía seleccionada

*El oso polar: maestro del hielo*, de Valerie Tracqui (Charlesbridge, 1994)

*El pingüino; acercamientos de animales,* de Beatriz Fontalen y Valerie Tracqui (Charlesbridge, 1992)

*La foca*, de Joelle Soler (Chrlesbridge, 1992)

*La reina de la nieve*, de P.J. Lynch (Harcourt Brace, 1994)

*Vida en las tierras polares*, de Mónica Viles (Scholastic, 1993)

# Plantillas viento de nieve

Los jóvenes artistas crean pinturas de nieve soplada, con betún para zapatos y diamantina para reflejar el ambiente nevado y ventoso de la Antártida.

## Materiales
Periódico
Cartoncillo azul oscuro
Helechos o ramas perecederas (si no hay a la mano, corta formas en papel que parezcan hojas, ramas u otras plantas)
Alfileres rectos
Cepillo de dientes
Betún blanco para zapatos
Pegamento blanco adelgazado con agua
Pincel
Diamantina plateada o blanca

## Proceso
1. Cubre tu área de trabajo con varias capas de papel periódico para protección. Extiende el periódico en un área más amplia que el cartoncillo.
2. Coloca el cartoncillo sobre el periódico.
3. Haz un arreglo con los helechos o las hojas de una capa de grueso en el diseño. Sobreponer está bien pero no en gran cantidad. Pide a un adulto que inserte los alfileres en los helechos o las hojas para mantenerlos en su lugar.
4. Sumerge el cepillo de dientes en la crema blanca para zapatos.
5. Sostén el cepillo a 15 cm sobre el papel y pasa tu dedo sobre las cerdas varias veces salpicando el papel hasta que lo cubras.
6. Después de tener la superficie casi blanca, quita los helechos y ramas. Coloca el dibujo a un lado para que se seque.
7. Después de que la pintura seque, aplica una pequeña capa de pegamento en algunas de las áreas blancas para prepararla para la diamantina.
8. Espolvorea un poco de diamantina para darle una apariencia de hielo. Deja que seque nuevamente.

**ANTÁRTIDA**

## ¿Sabías que...?

La mayoría de las precipitaciones en la Antártida cae en forma de nieve, alcanzando capas de 5 cm en el interior y de 50 a 100 cm en la costa. La mayoría de las precipitaciones cae en forma de ciclones que van desde el océano hacia el interior. La Antártida tiene los mayores vientos sostenidos del planeta.

# Pingüinos de barro de sal

## ANTÁRTIDA

### ¿Sabías que...?

Hace tanto frío en la Antártida que la vida salvaje en ese lugar tiene que soportar de témperaturas extremas. El pingüino es una de las criaturas que mejor sobrevive a ese clima. El ochenta por ciento de las aves que habitan la Antártida son pingüinos.

Los jóvenes artistas pueden mezclar harina, sal y agua, para obtener un barro de sal y con éste elaborar pequeñas esculturas de pingüinos en colores negro, blanco y anaranjado.

## Materiales

2 tazas (280 g) de harina
1 taza (200 g) de sal
1 taza (250 ml) de agua
Cuchara
Plato hondo
Pintura de témpera naranja y negra
Fotos de pingüinos
Horno precalentado a 250 °F (130 °C)

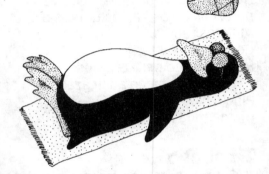

## Proceso

1. Pon la harina y la sal en el plato hondo, agrega la mitad del agua a la mezcla, gradualmente y despacio agrega el resto del agua mezclando constantemente.
2. Después de mezclar perfectamente, pon un poco de harina en la superficie en donde vas a trabajar. Amasa el barro por 10 minutos o hasta que la masa esté suave y firme.
▲ Nota: No agregues mucha agua o el barro quedará pegajoso.
3. Separa una pequeña bola de barro. Amásala con una gota de pintura anaranjada, para usarla como los pies y pico del pingüino.
4. Separa otra porción de barro, más grande que la anterior, y amásala con una gota de pintura de témpera negra para las alas y las demás áreas negras del pingüino.
5. Deja el resto del barro blanco. Lávate las manos antes del paso 6.
6. Usa la masa de colores para esculpir los pingüinos con las alas y la espalda negra, el frente blanco y el pico y las patas naranja. Ve fotos de diferentes tipos de pingüinos para ver cuál se ve más real. También estás en libertad de esculpir pingüinos imaginarios.
7. Coloca los pingüinos en la charola para hornear. Pide a un adulto que los ponga al horno, a 250 °F (130 °C) durante 1 ½ h o hasta que los pingüinos se vean completamente sólidos. Déjalos enfriar.
8. Disfrútalos como figurines o esculturas.
9. Haz otras esculturas con la masa sobrante.

# Escultura blanca

escultura | preparación 2 | principiante

Los jóvenes artistas crean una escultura con materiales blancos de unicel, como una interpretación artística de las grandes y blancas extensiones de la Antártida.

## Materiales

Un pedazo de tabla blanca o cartón para la base
Materiales de unicel, únicamente blancos, como:

    Charolas    cacahuates empacados       cuadros empacados

Materiales blancos tales como:

    Papel    palomitas    botones
    cuentas    cartón    cajas pequeñas para regalo

Tijeras
Pegamento blanco
Pincel
Diamantina blanca o plateada

## Proceso

1. Corta el unicel y los demás materiales blancos en formas y tamaños variados, o úsalos completos.
2. Pega los pedazos de unicel y los demás materiales blancos en el cartón o tabla, creando una escultura blanca.
3. Seca hasta que la escultura esté sólida.
4. A continuación, aplica el pegamento blanco con un pincel en las áreas de la escultura que quieras resaltar y ponle diamantina para que brille.
5. Esparce diamantina en toda la escultura.
6. Déjala secar y colócala en algún lugar, para exhibirla.

### ANTÁRTIDA

## ¿Sabías que...?

Un glaciar es una masa de hielo en lento movimiento. A un área de hielo congelado en tierra firme se le llama sabana de hielo. La gran sabana de hielo que es la Antártida cubre 12 millones 500 mil kilómetros cuadrados. Los glaciares almacenan cerca del 75% de agua fresca.

# Nieve de jabón

**ANTÁRTIDA**

## ¿Sabías que...?

Por lo menos el 96% del continente antártico está cubierto de nieve. El hielo de la Antártida se formó de la nieve que cayó sobre la Tierra durante millones de años, capa sobre capa.

El peso de la nueva nieve comprime la nieve existente hasta convertirse en nieve comprimida y luego en hielo. Con el tiempo, la nieve se apila y se mueve hacia la costa. El hielo en movimiento se convierte en glaciares y ríos de hielo que van hacia el océano.

Los jóvenes artistas mezclan ralladura de jabón y agua, la convierten en espuma espesa con un mezclador manual y después la aplican como chorro sobre un cartón para diseñar y esculpir una escena en la nieve.

## Materiales

1 taza (250 ml) de agua fría
4 tazas (500 g) de ralladura de jabón como marfil
Plato hondo
Mezclador manual
Bolsa de plástico (o bolsa para sándwich de plástico)
Cartón

## Proceso

1. Pon una taza de agua en el plato hondo.
2. Con la ayuda de un adulto y mientras mezclas, agrega, poco a poco, 4 tazas de ralladura de jabón al agua fría. Bate el agua y el jabón hasta que endurezca pero no batas de más.
3. Pon un poco de la mezcla en la bolsa de plástico; si no tienes esta bolsa, usa una bolsa para sándwich y haz un pequeño hoyo en la esquina de la bolsa para que salga el jabón.
4. Exprime la bolsa para que salga la nieve de jabón en forma de chorro o hilo delgado y diseña tus obras sobre el cartón. Sécalo hasta que endurezca.
▲ Nota: No tires la mezcla jabonosa por el caño porque se puede tapar.

## Variación

✔ Haz tus esculturas de nieve agregando 2 tazas (250 g aproximadamente) de ralladura de jabón a ½ taza (125 ml) de agua. Mezcla con un mezclador eléctrico hasta que endurezca y sea moldeable. Moldea criaturas de nieve. Usa cuentas, botones, plumas, semillas, limpiapipas y palillos para agregar detalles a tus esculturas de nieve.

Ralladura de jabón

# Asia

Asia es el hogar de algunas de las más antiguas culturas, así como de las formas más interesantes de arte que los jóvenes artistas pueden explorar. El arte en Asia comienza con las antiguas civilizaciones que aprendieron a expresarse a través de éste, desde la arquitectura antigua hasta mosaicos azulejos creados hace miles de años. Herramientas de piedra se usaban para grabar obras de arte utilizadas en funerales y ritos religiosos. Los jóvenes artistas explorarán el arte de Asia, tanto antiguo como moderno, a través de proyectos como: papel hecho a mano, de China; incrustaciones de piedra, de India; escenario de flores Moribana, de Japón; mosaico de piedra, de Israel; germinado de lentejas para pieza de centro, de Irán; batik tulis, de Indonesia; corona con joyas, de Corea; montecillos de arena Pimia, de Camboya; barcas de la abundancia, de Tailandia, y farol para lunada, de Vietnam. Los jóvenes artistas experimentarán con más de 20 manualidades enfocadas a procesos, y no productos, desde arreglos florales hasta elaboración de papel, con experiencias artísticas antiguas y actuales.

# Bibliografía seleccionada

## Camboya
*Loto silencioso*, de Jeanne M. Lee (Farrar, Straus & Giroux, 1991)

## China
*Chin Yu Min y el gato de jengibre*, de Jennifer Armstrong (Crown, 1993)

*El emperador y el papalote*, de Jane Yolen (Putnam, 1988) *El papalote dragón de la luna de otoño*, de Valerie Reddix (Lothrop,1992)
*La gran muralla china*, de Leonard Everett Fisher (Simon & Schuster, 1986)
*La olla vacía*, de Demi (Holt, 1990)
*Lon PoPo: un cuento de Caperucita de China*, de Ed Young (Philomel Books, 1989)
*Los ojos el dragón*, de Margaret Leaf (Lothrop, 1987)
*Nuestro hogar es el mar*, de Riki Levinson (Dutton, 1988)
*Siete hermanos chinos*, de Margaret May (Scholastic, 1990)
*Tikki Tikki Tembo*, de Arlene Mosel (Holt, 1989)
*Young Fu de Yangtze superior*, de Elizabeth Foreman Lewis (Bantam Doubleday, 1990)

## India
*El ladrón de sombrillas*, de Sybil Wettasinghe) KaneMiller, 1987)
*La historia de papá Wali*, de Kristina Rodanas (Lothrop, 1988)

## Israel
*Los niños que recordamos*, de Chana Byers Abells (Greenwillow, 1986)

## Japón
*Cómo mis padres aprendieron a comer*, de Ina Friedman (Houghton Mifflin, 1984)
*El baseball nos salvó*, de Ken Mochizuki (Lee & Low, 1993)
*El comodoro Perry en la tierra de Shogun*, de Rhonda Blumberg (Lothrop, 1985)
*El cortapiedra: una historia del pueblo japonés*, de Gerald McDermott (Harcourt Brace, 1995)

*Este lugar está muy lleno*, de Vicky Cobb (Walker & Co, 1993)*La esposa de Crane*, de Sumiko Yagawa (Morrow, 1987)
*Hiroshima no Pika*, de Tosi Maruki (Lothrop, 1982)
*Los dos gatos tontos*, de Yoshiko Uchida (McMillan, 1987)

## Corea
*Corea*, de Karen Jacobsen (Children's Press, 1989)
*El sueño de Aekyung*, de Min Paek (Children's Press, 1988

## Filipinas
*El cocodrilo Rockabye*, de José Aruengo y Ariane Dewey (Greenwillow, 1988)
*Historias del abuelo de las Filipinas*, de Donna Roland y Ron, Oden (Open my World, 1986.

## Tailandia
*Tailandia*, de Karen Jacobsen (Children's Press, 1989)

## Tíbet
*Las montañas del Tíbet*, de Mordical Gerstein (Harper Collins, 1987)

## Vietnam
*BaNam*, de Houghton Mifflin Company Staff (Houghton Mufflin, 1992)
*La pantunfla de brocado y otros cuentos vietnamitas*, de Lynnete Wyer Vuong (Lippincott, 1982)
*Más de las historias de los abuelos de Vietnam*, de Donna Roland (Open my World, 1985)
*Niño ángel, niño dragón*, de Maria Michele Surat (Scholastic, 1989)
*Vietnam*, de Karen Jacobsen (Children's Press, 1992)

# Firma en una goma

Los jóvenes artistas crean sellos con iniciales labradas en una goma de borrar y en vez de firmar sus trabajos artísticos con un lápiz o crayón, humedecen su diseño en un colchón de tinta y luego lo imprimen en su obra de arte.

## Materiales

Goma de borrar rosa, grande
Lápiz
Un clip desdoblado o algún otro utensilio para perforar
Colchón de tinta roja (o una toalla de papel doblada y humedecida con colorante vegetal rojo)
Obra de arte hecha por el niño

## Proceso

1. Escribe tu nombre o iniciales en la goma de borrar.
▲ Nota: Escribe las letras como se miran frente a un espejo, invertidas o de atrás hacia delante, para que cuando imprimas se lean correctamente.
2. Con el clip desdoblado graba tus iniciales en la goma, eliminando el desecho lentamente. Algún otro utensilio de cocina puede también funcionar para el grabado, como la punta de un cuchillo. La ayuda de un adulto es necesaria para el uso de artefactos filosos.
3. Para sellar y firmar la obra de arte con las iniciales del artista, presiona el sello en el colchón o la toalla de papel en la tinta color rojo. Después, presiona el sello en una esquina de la obra de arte.
▲ Nota: Si no tienes un colchón para tinta, dobla una toalla de papel haciendo un cuadro y humedécela con un poco de agua. Ponla en un pedazo de papel aluminio o pequeña charola de unicel. Agrega un poco de colorante rojo vegetal en la toalla mojada. Úsala en vez del colchón. La pintura roja de témpera o acuarelas también pueden funcionar.

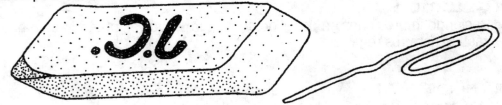

## CHINA

### ¿Sabías que...?

Cuando un artista chino termina una obra de arte, en vez de firmarla con un lápiz, pincel o pluma lo hace por medio de un sello que imprime su nombre en tinta roja. Alrededor del año 600 a.C., estos sellos eran a veces estampados en barro y de esta manera hacían sus propios sellos. Probablemente fue cuando se desarrolló el primer bloque de madera.

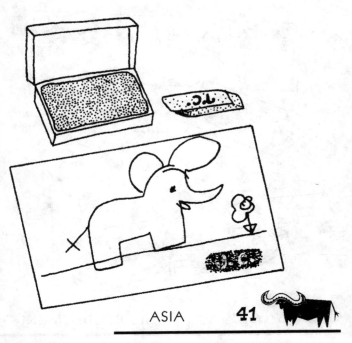

# Imprenta

**CHINA**

## ¿Sabías que...?

China fue el primer país en hacer impresiones con bloques de madera grabados, papel y tinta. Este proceso se llama xilografía. La invención del papel por Ta'ai Lun en el año 105 a.C. dio al mundo la oportunidad de imprimir en una superficie limpia y sencilla con este procedimiento. Un solo bloque de madera era usado para imprimir páginas completas. Hacia el siglo XI los chinos ya hacían bloques con diseños individuales, creando el primer linotipo movible que revolucionó la impresión como la conocemos hoy en día y así nació una nueva forma de comunicación.

Los jóvenes artistas hacen una imprenta sencilla con bloques de madera y una suela de zapato

## Materiales

Una suela de esponja de un zapato viejo

▲ Nota: Si no tienes una suela de zapato, recorta tus figuras de otros materiales como:

| | |
|---|---|
| Pieza de hule de un tubo | Charola de unicel |
| Cartón | Pedazo de linóleo |
| Pelota gruesa | Desperdicio de hule |

Lápiz
Tijeras
Bloque de madera o cualquier sobrante de madera
Goma
Pintura de témpera roja (o cualquier otro color)
Charola de unicel
Papel sobrante para practicar tus impresiones
Papel

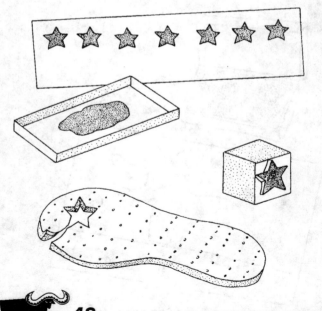

## Proceso

1. Dibuja una letra o un diseño en la suela o alguno de los otros materiales sugeridos. Dibuja letras lo suficientemente anchas para poder recortar con las tijeras. Luego recórtalas.
2. Pega tus letras o diseño a un bloque de madera (recuerda pegar las letras al revés o de atrás hacia delante para que salgan derechas al imprimir)
3. Vierte un poco de pintura roja en la pequeña charola de unicel.
4. Presiona el bloque en la pintura roja y después presiona sobre el papel.
5. Continúa con el mismo procedimiento hasta que completes tu diseño.

## Variación

✔ Haciendo impresiones en papel de china para envolver, obtendrás un papel fantástico para tus regalos.

# Papel hecho a mano

Los jóvenes artistas mezclan sobrantes de papel con pasto o pétalos de flores y agua, después presionan esta pulpa sobre una pantalla, creando así una hermosa y artística hoja de papel.

## Materiales

Papel sobrante o reciclable blanco
Licuadora (con la supervisión de un adulto) y agua
Ramitas (hojas) verdes de pino. Hojas (hechas pedacitos), pétalos de flores, hojas de pasto
Recipiente y 2 mallas de tela para colar (puedes utilizar algún sobrante de tela que funcione como coladera o comprar "manta de cielo" donde venden telas)
Toalla vieja y periódicos
Lata
Trapo para presionar y envolver
Libro pesado
Plancha (opcional)

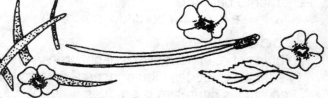

## Proceso

1. Rompe el papel sobrante o reciclable en pedacitos y ponlos en la licuadora hasta que esté a la mitad.
2. Llena la licuadora con agua a tres cuartos de su capacidad. Préndela a velocidad media hasta que el papel se convierta en pulpa.
3. Agrega las hojitas de pino, hojas y demás materiales a la pulpa y licua por 2 ó 3 segundos más.
4. Coloca una malla coladera sobre el recipiente y vierte la pulpa esparciendo en forma de cuadro; deja que salga toda el agua por unos 30 minutos.
5. Para secar el agua completamente, pon una toalla vieja encima de una pila de periódicos. Con cuidado levanta la malla junto con la pulpa y ponla sobre la toalla. Pon la otra malla sobre la pulpa y exprime usando la lata. Esto lo puedes hacer rodando la lata con tu mano.
6. Levanta la malla de encima y voltea la pulpa sobre el trapo que sirve para presionar. Quita la otra malla con mucho cuidado.
7. Dobla el trapo sobre el papel húmedo y presiona hasta secar.
8. Pon un libro pesado sobre el papel toda la noche. Si lo deseas, puedes usar la plancha para aplanar y secar completamente.
▲ Nota: El papel seco será un bonito papel artístico que puedes admirar pero puede resultar muy grueso y suave como para escribir o dibujar.

**CHINA**

## ¿Sabías que...?

El papel fue inventado por Ta'ai Lun en 105 a.C. Una gran variedad de materiales como fibra vegetal, trapos, papel viejo, bambú, madera y otros, pueden ser hechos pedazos, triturar y mezclar con pegamento para hacer una pulpa que posteriormente se puede convertir en papel. La fórmula china para hacer papel fue un secreto por siglos, hasta que estalló la guerra con los árabes. Los fabricantes de papel fueron capturados y obligados a revelar sus secretos para la elaboración de papel. Luego, su método para hacer papel se extendió a todo el mundo.

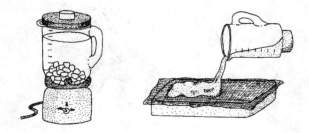

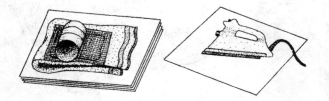

# Historia en un estandarte

alguna experiencia · 1 dibujo · collage

## HMONG, CAMBOYA

### ¿Sabías que...?

Los hmong constituyen un grupo de gente nómada en Camboya, que vienen de China, Burma y Laos. Los hmong hacen estandartes que cuentan historias de la vida diaria o leyendas amadas por ellos. La técnica de su arte puede ser muy complicada, ya que combina tejido, costura y batik.

Los jóvenes artistas pueden contar una historia por medio de una versión simplificada del estandarte hmong: trazan en tela diversas formas y dibujos relacionados con el cuento, luego recortan estas figuras y las pegan en una tela más grande, que será el estandarte.

## Materiales

Periódico o papel prensa
Marcadores, lápices, crayones
Tijeras
Cinta
Tela o desechos de tela y tela para estandarte, aproximadamente de 30 x 40 cm
Pegamento para tela
Aguja, hilo e hilo para bordado (opcional)

## Proceso

1. Dibuja sobre el periódico o papel prensa una historia con base en figuras grandes y sencillas. Puedes dibujar acerca de algo real o imaginario.
2. Recorta las figuras más grandes.
3. Con la cinta, pega cada una de estas figuras en un trozo de tela de un color que vaya de acuerdo con el dibujo. Delinea las figuras con un marcador y quita la cinta.
4. Recorta las figuras con tus tijeras. Coloca las figuras en una pieza de tela más grande o sobre la tela para estandarte colocadas de manera que ayude a contar la historia.
5. Nuevamente, usa la cinta para pegar las figuras en su lugar. Engómalas o cóselas en la tela; si son pegadas, déjalas secar durante la noche.
6. Escribe con tus marcadores algunas palabras que ayuden a contar la historia. Si lo deseas, puedes bordas las letras o palabras.
7. Cuelga tu estandarte para poder disfrutar el diseño y la historia. Cuenta tu historia y describe tus figuras en voz alta a quienes tú quieras.

# Diseños para la buena suerte

dibujo — **1** preparación — principiante

Los jóvenes artistas pueden elaborar diseños para la buena suerte, con plantillas de papel estraza y arena de colores, que llenarán de luz el jardín, patio o pasillo exterior de casa.

## Materiales

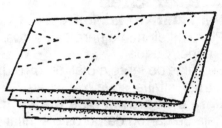

Cuadros grandes de papel estraza
Tijeras filosas
Bolsa de arena, témpera en polvo y periódico
  para hacer arena de colores (ver instrucciones)
Caja o charola

## Proceso

1. Dobla los cuadros grandes de papel estraza a la mitad y vuelve a doblar a la mitad.
2. Corta un diseño de encaje, como un copo de nieve, de los dobleces y orillas del papel. Los hoyos deberán de ser grandes y abiertos. El diseño en el papel sobrante debe de estar bien definido y con línea ancha.
3. Desenrolla el patrón.
4. Escoge un pasillo o área exterior en un día tranquilo. Coloca el patrón plano sobre el piso. Derrama un poco de la arena de colores sobre los diferentes espacios y hoyos en el diseño. Con cuidado levanta el patrón, tratando de no derramar arena sobre el patrón. Usualmente este paso necesita ayuda de un adulto.
5. Guarda la arena sobrante en una caja o charola.
6. Coloca en patrón junto al diseño y repite el procedimiento. Utiliza algo de la arena sobrante.
7. Continúa elaborando tus diseños hasta que quedes satisfecho con ellos. Con suficientes ayudantes puedes cubrir todo un pasillo.
8. Al día siguiente, barre la arena sobrante y tírala o agrégala a tu jardín.

**Para colorear la arena:** Para cada color coloca una sección de periódicos en el piso. Pon algo de arena en cada una de las secciones de papel. Mezcla un poco de pintura de témpera de diferente color para cada una de las secciones, con un palo o con las manos, para darle el tono que deseas. Deja que seque; si todavía está húmeda coloca la arena en cubetas u otro recipiente. (La arena comprada es más limpia y agradable, pero la arena de playa también funciona, aunque puede tener algún olor.)

**INDIA**

## ¿Sabías que...?

Diwali, el festival de las luces, marca el comienzo del Año Nuevo en la India, usualmente en octubre o noviembre. Los edificios eran tradicionalmente iluminados con lámparas de aceite llamadas luces "dipa"; hoy en día se iluminan con luces eléctricas. Las casas se pintan de blanco, las deudas se liquidan, se compra nueva ropa y las casas se limpian por completo. Los diseños para la buena suerte son llamados "alpana" y son elaborados en los escalones, porches y entradas de casas y pasillos, con plantillas de papel y una mezcla de harina de arroz y polvos de colores.

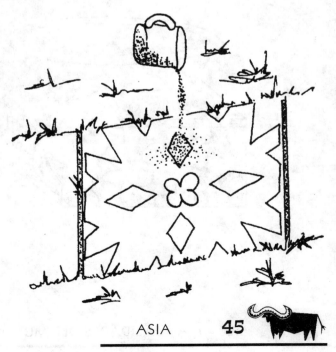

ASIA **45**

# Cultivo de lentejas para adorno de mesa

**IRÁN**

## ¿Sabías que...?

En Irán, la celebración de Año Nuevo, NoRuz, comienza el primer día de la primavera y dura 12 días. Las familias colocan un trapo húmedo sobre un plato y le esparcen semillas de lentejas o trigo las cuales crecen rápidamente, convirtiéndose en una hermosa pieza de centro y mesa para las celebraciones. En el último día de NoRuz, las familias organizan un día de campo cerca de un río, en el cual depositan el plato con los retoños y es esta una forma simbólica de deshacerse de los malos recuerdos que se dejan atrás.

Los jóvenes artistas pueden realizar un formidable adorno para mesa de centro, con un cultivo de lentejas en un plato de aluminio, encima de una caja pequeña cubierta con un collage de fotos.

## Materiales

### Para cultivar las lentejas

Plato de aluminio para pastelitos, trapo húmedo o toallas de papel y agua
Semillas de lenteja o algún otro tipo de semilla similar como: trigo, alfalfa, soya o chícharo.

### Para elaborar la caja para exhibición

Caja de cartón de puros o similar
Tijeras y fotos de revistas
Pegamento blanco en un trasto y pincel
Área cubierta con periódicos para trabajar

## Proceso

### Para cultivar las lentejas

1. Una semana antes de primavera (o cualquier otra ocasión) coloca un trapo, toallas de papel o un pedazo de tela húmedo en el plato de aluminio. Escoge un trapo que se acomode bien al plato.
2. Esparce las semillas de lenteja (o de otro tipo como frijoles o chícharos) sobre el trapo. Colócalo en una repisa o mesa pero sin estar directamente bajo el calor del Sol. Mantén el trapo húmedo por varios días y muy pronto se cubrirá de bellos retoños de lenteja.

### Para elaborar la caja de exhibición

1. Coloca la caja de puros de cabeza sobre los periódicos.
2. Corta fotos de revistas viejas. Lo ideal serían recortes de fotos de flores, jardines o simplemente de la primavera; sin embargo, cualquier recorte de fotos de colores te servirá. Con el pincel y pegamento pega poco a poco las fotos en la caja, cubriendo todas las orillas de cada foto; ten cuidado de pegar bien las orillas. Puedes añadir más fotos sobreponiendo unas sobre otras. Cubre la base y los lados de caja. Déjala secar.
3. Dale la vuelta a la caja y cubre la tapa también. Déjala secar toda la noche.
4. Pon tu caja en una mesa y úsala para exhibir tu pieza verde.

# Incrustación de piedra

 escultura | **2** preparación | ● principiante

Los jóvenes artistas pueden hacer bellas incrustaciones de piedra, como en la India, con piedras preciosas de juguete y piedrecillas de colores, colocadas en una base de barro.

## Materiales

Barro autoendurecedor o para modelar
Piedrecillas de colores
Piedras preciosas de juguete

## Proceso

1. Moldea el barro para darle forma de caja. Haz también una tapa para la caja. La caja puede ser redonda, cuadrada rectangular o hasta triangular.
2. Cuando hayas terminado la caja, pero mientras esté todavía el barro húmedo, presiona suavemente las piedras y piedrecillas en el barro, elaborando tus diseños y patrones.
3. Deja que el barro seque completamente.

**INDIA**

## ¿Sabías que...?

La India es reconocida por su maravilloso arte de incrustación de piedras. Los artesanos elaboran diseños cortando piedras semipreciosas y posteriormente las colocan en mármol o piedra de magnesio.

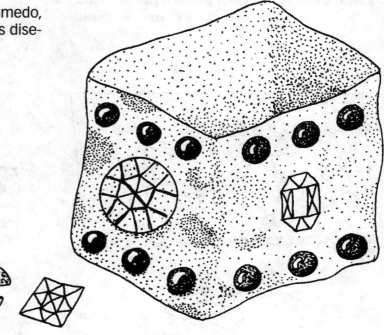

# Arte gyotaku

**JAPÓN**

## ¿Sabías que...?

*"¡Pesqué un pez de este tamaño!"*
Todo mundo tiene una historia de pesca que contar, pero ¿cómo sabes qué tan grande era el pez realmente?
En Japón, el arte antiguo de tomar impresiones de los peces se llamó gyotaku y fue desarrollado en 1800 para documentar el tamaño de los peces con precisión. El pescado es entintado y sobre éste se presiona el papel para obtener una impresión (gyo - pez; taku - impresión).

Esta actividad es una buena oportunidad para que los jóvenes artistas combinen ciencia y matemáticas con el arte, diseñando la composición de impresiones gyotaku, mientras aprenden cómo medir un pez de acuerdo a su forma y dimensiones.

## Materiales

Periódicos
Pescado fresco
Agua, jabón, toallas de papel
Arena o sal, opcional
Barro
Alfileres largos, opcional
Pintura de témpera de colores, en platos hondos de aluminio para pastelitos
Pinceles, por lo menos dos
Papel para impresión, como:
  Cartoncillo
  Toalla de papel
  Papel de arroz
▲ Nota: El papel de arroz se puede conseguir en algunas papelerías, tiendas de arte o establecimientos en donde vendan materiales para caligrafía japonesa.

## Proceso

1. Cubre tu área de trabajo con periódicos.
2. Seca el pescado eliminando completamente toda humedad y colócalo sobre un montón grueso de periódico. Podría ayudarte el untar sal o arena sobre el pescado, enjuagarlo y después secarlo completamente.

3. Coloca las aletas en una posición abierta y el pescado en una posición que te sea cómoda. Como proceso adicional, un poco de barro o toallas de papel pueden ser colocados por debajo de las aletas y la cola para mantenerlas hacia arriba. Pequeñas cantidades de barro o toalla también pueden ser colocadas por debajo de las branquias y la boca para mantenerlas abiertas. Si las partes internas del pescado ya han sido removidas, puedes rellenarlo con periódico para que no pierda su forma.

4. Pinta un costado del pez con diferentes colores y luego todo por completo. Aplica la pintura o la tinta directamente sobre el pescado, evitando el área de los ojos. Si aplicas capas muy gruesas de pintura, algunas características se pueden oscurecer. En un pez de grandes escamas, cepilla desde la cola hacia la cabeza, en sentido contrario a las escamas, para detallar más las características. Trabaja rápido para que no seque la pintura.

5. Con cuidado y suavemente, coloca una hoja de papel sobre el pescado y, comenzando por el centro y hacia los costados, presiona firmemente sobre los contornos del pez para hacer la impresión. Ten mucho cuidado con las aletas y la cola.

6. Cuidadosamente levanta la hoja de papel del pescado para que no se arrugue. Deja que la pintura seque completamente.

7. Un pez puede ser usado para varias impresiones, únicamente lávalo bien y píntalo de nuevo.

▲ Nota: Para ahorrar, puedes usar un pescado de plástico o hule.

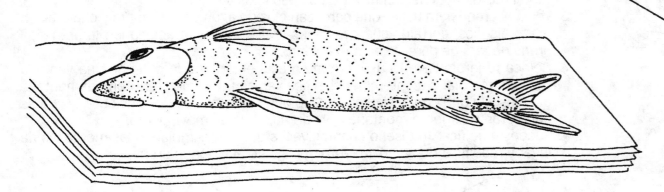

 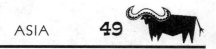

# Jardín en miniatura Karensansui

**JAPÓN**

Los jóvenes artistas pueden realizar un jardín miniatura en un recipiente grande y plano, con piedras como montañas y arena como agua.

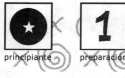

## ¿Sabías que...?

Durante el periodo Kamakura, de 1185 a 1333, el budismo zen llegó al Japón procedente de China, influyendo en la vida espiritual japonesa y muy pronto también en sus jardines. Los jardines zen fueron diseñados para la contemplación y meditación. Los Karensansui (paisajes secos) utilizan piedras y arena que simulan montañas y agua en movimiento.

## Materiales

Recipiente grande y plano para hornear o charola para galletas con orilla
Arena húmeda
Piedrecillas
Rectángulos de cartón del tamaño de un peine
Tijeras
Botella de agua para producir vapor, opcional

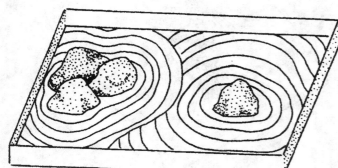

## Proceso

1. Llena un recipiente para hornear grande y plano o una charola para galletas con arena limpia. Cualquiera de los dos deberá de tener orilla.
2. La arena deberá de estar húmeda. Puedes salpicar la arena con agua para humedecerla; si es necesario, da golpecitos a la arena en el recipiente para aplanar.
3. Arregla varia piedrecillas en la arena para que parezcan montañas rodeadas de agua.
4. Corta unos pedazos de cartón del tamaño de un peine y haz hendiduras como si fueran los dientes del peine, pero con espacios amplios.
5. Peina la arena para hacer que parezcan olas de agua. Experimenta y explora con estos diseños; bórralos cuantas veces creas necesario aplanando la arena. La arena deberá de parecer en movimiento.
6. Coloca tu jardín Karensansui en una mesa, el jardín o la orilla de una ventana para contemplarlo (contemplar significa ver, estudiar, meditar profundamente lo que ves y lo que puede significar). Si lo observas por tiempo suficiente, las rocas parecerán realmente montañas y la arena, agua en movimiento.
7. Puedes modificar tu diseño cuantas veces quieras, cambiando las montañas de lugar y modificando el movimiento del agua o agregando arena.

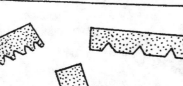

# Conchas Kaiawase

☐ dibujo  ☐ **2** preparación  ☐ ★★ alguna experiencia

Los jóvenes artistas pueden diseñar pares de conchas con marcadores de tinta permanente y jugar con un amigo una versión simplificada de Kaiawase.

## Materiales

Bote de avena
Cartoncillo y plumones de colores
Tijeras
Goma o cinta adhesiva
Jabón, agua y toalla
Conchas de almejas o escalopas, ver opciones
Marcadores de tinta permanente de punto fino

## Proceso

1. Recorta el cartoncillo suficiente para cubrir el bote de avena.
2. Decora con tus marcadores el cartoncillo que envolverá el contenedor. Cubre el bote de cartón de avena con el cartoncillo decorado. Asegúralo con la cinta o pegamento y ponlo a un lado.
3. Lava cada concha, de ser necesario, y sécala con una toalla.
▲ Opción: Si no consigues las conchas o las escalopas, dibuja una concha del tamaño de tu puño en un pedazo de papel. Recórtala y úsala como patrón para dibujar más conchas.
4. En el interior de cada concha dibuja una escena o dibujo; usa tus marcadores de punto fino. Dibuja otra concha que combine. Todas tus conchas deberán ser dibujadas en pares.
5. Juega Kaiawase con varios amigos. Tira todas tus conchas sobre un tapete u otra superficie plana. Ponlas boca abajo. A continuación tomen turnos para voltear las conchas viendo hacia arriba dejando ver la escena o el dibujo y volteando otra posteriormente. Si las conchas no hacen par, entonces es el turno del siguiente jugador.
6. Si las conchas hacen pareja, tendrás que contar una pequeña historia, poema o canción acerca del dibujo de las conchas. Cuando termines de jugar, coloca las conchas dentro del bote de cartón para guardarlas.

### JAPÓN

## ¿Sabías que...?

Kaiawase se originó en el siglo XII como un juego de conchas para niños y, a partir de entonces, se ha convertido en una forma compleja de arte.
Las conchas se ven iguales cuando están boca abajo, pero cuando se voltean, pequeñas escenas de la vida cotidiana japonesa o escenas de buena suerte están pintadas en su interior. El objetivo del juego es voltear las conchas que hagan pareja, para entonces recitar un poema que describa la escena dibujada. El niño que haga más pares será el ganador.

# Escenario de flores Moribana

**JAPÓN**

## ¿Sabías que...?

El arreglo floral japonés es un arte creativo de hace cientos de años. Moribana, uno de los estilos de arreglo floral de Japón, es traducido como "flores engarzadas o apiladas" y utiliza un recipiente abierto o un plato ancho. Moribana exige el uso de tu imaginación pero es fácil de hacer. La idea principal del escenario Moribana de flores es hacer algo semejante a un bosque en miniatura, con un pequeño arroyo o lago.

Los niños pequeños pueden crear el escenario de un bosque miniatura con ramas, plantas, hojas y corteza recolectadas y puestas en un recipiente plano. El pequeño lago será simulado por un espejo o papel aluminio parcialmente enterrado.

## Materiales

Periódico para cubrir el área de trabajo
Un recipiente abierto y plano o un plato hondo (una charola para hornear puede servir)
Tierra
Recolección de materiales vivos, artificiales o secos para arreglos florales, como:

| | |
|---|---|
| Ramas | Plantas |
| Flores | Corteza |
| Hojas | Pasto |

Grava o piedrecillas
Un espejo pequeño o papel aluminio
Una estatua pequeña o una figura de juguete, opcional

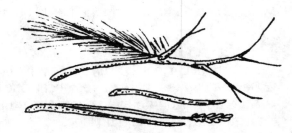

## Proceso

1. Llena el recipiente con una capa de tierra de 3 a 5 cm de profundidad. Aplánala para que quede pareja y lisa.
2. Observa el recipiente e imagínate el escenario de bosque que vas a diseñar. Piensa en brechas, lagos, árboles o piedras y en cómo los vas a arreglar para que parezca como un bosque real, con árboles y plantas reales. Por ejemplo: coloca una rama en la tierra para que parezca un árbol o pasto para simular arbustos a lo largo de un riachuelo. Usa tu imaginación.
3. Agrega piedrecillas o grava para simular rocas o piedras de mayor tamaño.
4. Entierra un espejo o papel aluminio simulando un pequeño lago o riachuelo.
5. Una vez que el Moribana parezca un bosque real en miniatura, tu trabajo está terminado. A veces el agregar una estatuilla o figura de juguete hace que el escenario se vea más real.

# Batik tulis

pintura · preparación **2** · alguna experiencia

Los pequeños grandes artistas explorarán un método simplificado de tulis batik, usando una pasta de agua y harina en vez de cera y tinte. Los resultados son hermosos y atraen al artista hacia el proceso del batik. Debe considerarse que este proyecto de dos colores requiere tres días para su realización.

## Materiales
### Para comenzar el batik
Un pedazo pequeño de tela 100% algodón, sin lavar.
Cinta adhesiva
Cartón duro y grueso
½ taza (70 g) de harina y ½ taza (125 ml) de agua
2 cucharaditas (10 ml) de alumbre
Licuadora
Una botella de plástico flexible para cada artista

### Para entintar el batik
2 colorantes para comida, del departamento de decoración para pasteles
Por lo menos 2 latas limpias de atún no muy profundas, una para cada color

## Proceso
Tradicionalmente, para hacer batik se aplica cera caliente a una tela lisa con un utensilio especial, que tiene parecido a una pluma o bolígrafo, el cual contiene la cera caliente. Cuando la cera enfría, se sumerge la tela en un baño de colorante, que únicamente dará color a las partes de la tela sin cera. Posteriormente se le agrega cera para proteger las áreas previamente pintadas, o se raspa para que esas áreas acepten un nuevo pintado. El proceso se repite tantas veces como se desee, alternando colores oscuros y claros hasta obtener el color final. Finalmente, se quita toda la cera de la tela y se hierve para limpiarla por completo. Esta forma tradicional de batik es un arte difícil y complejo, además de llevar bastante tiempo.

**JAVA, INDONESIA**

## ¿Sabías que...?

La gente de Java, una de las islas de Indonesia, es famosa mundialmente como por su artesanía del batik y comenzó haciendo ropa batik desde el siglo XII. La palabra batik significa "hacer puntos" en Javanés. Batik tulis significa "batik escrito" porque los patrones son dibujados sobre la tela con las manos.

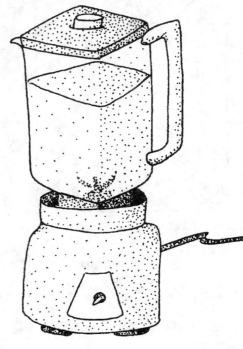

1. Pega con cinta el cuadro de tela en un pedazo de cartón. Pega todas las orillas como si fuera marco de una foto, manteniendo la tela perfectamente lisa y sin arrugas. Ponla a un lado.
2. Con la ayuda de un adulto, mezcla la harina, agua y alumbre para hacer una pasta en la licuadora. Ahora introduce la pasta en la botella de plástico flexible. Dibuja con esta pasta sobre la tela. Puntos, líneas y figuras geométricas funcionan bien. Déjala secar toda la noche. Cierra bien la botella de plástico para usarla al otro día.
3. Al día siguiente, mezcla un color claro de colorante para comida, como amarillo o tonos claros de verde, rosa o azul, en una lata no muy profunda de atún con un poco de agua. Ahora pinta sobre el diseño ya seco. Déjalo secar nuevamente, toda la noche si es posible.
4. Cuando el color esté seco, quiebra y elimina la pasta de la tela con tus dedos.
5. Pinta otro diseño en pasta sobre los colores claros y déjalo secar nuevamente.
6. Al día siguiente, mezcla un color oscuro de la misma pasta de colorante para comida, la cual complementará los tonos claros. Pinta sobre el diseño seco y posteriormente déjalo secar nuevamente.
7. Cuando la segunda capa de color esté seca, nuevamente quiébrala y quítala con tus dedos de la tela.
▲ Nota: En este procedimiento de hacer capas y agregar colores, no tiene que ser únicamente de dos capas, se pueden agregar todas las capas que quieras siguiendo siempre el mismo procedimiento y siempre dejándola secar por el tiempo suficiente, lo cual se lleva días adicionales. El artista decide cuántos colores o capas desea agregar.
8. Quita la cinta de la tela y el batik está completo. Si quieres puedes conservarlo en el cartón para poderlo exhibir.
▲ Nota: El batik también se puede pegar a un pedazo grande y pesado de papel como tarjeta de felicitación; pegada o cosida a un pedazo más grande de tela es otra opción. Para un proyecto grupal o para un artista con mucha energía, se pueden usar también pedazos más grandes de tela.

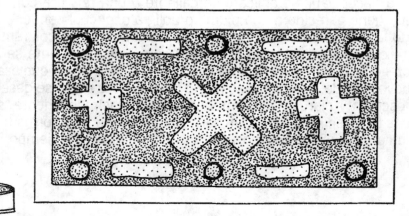

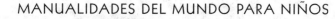

# Corona con joyas

construcción | preparación **1** | principiante

Los jóvenes artistas pueden diseñar preciosas coronas, engalanadas con joyas de fantasía y listones de costura

## Materiales
Cuerda
Tijeras
Banda para la cabeza de cartulina
Hoja de papel grueso
Lápiz
Decoraciones para corona tales como:
Sobrantes de fieltro, joyería y gemas de fantasía; listones, cordones, estambre, listones dorados, plateados y de costura; lentejuela, diamantina, cuentas, botones, plumas
Engrapadora
Pegamento

## Proceso
1. Para que la corona quede a la medida, con la ayuda de un adulto amarra un hilo alrededor de la cabeza de la persona que va a usar la corona, sosténlo y marca la medida con tus dedos. Quita el hilo y córtalo en la marca.
2. Pon el hilo a lo largo de la banda de cartulina y marca el largo. Agrega unos cuantos centímetros para hacer la cubierta de cierre. Corta el sobrante. Ponla a un lado.
3. Dobla una hoja gruesa de papel. En la hoja doblada dibuja puntos, curvas o cualquier otra figura para la parte decorada de la corona. Recórtala.
4. Engrapa tu diseño a la banda de cartulina. Usa las grapas que sean necesarias para que la corona quede fija.
5. Escoge el material que vas a usar en la corona. Pégale las joyas, gemas, listones, plumas y demás material que hayas seleccionado. Haz tu corona muy original, elaborada y brillante. Deja que la corona seque bien durante toda la noche.
6. Junta los dos extremos de la banda, verifica que quede bien de tamaño y engrápala. Ponte tu corona de joyas.
▲ Nota: Si la corona está muy pesada por toda la decoración y no se mantiene derecha, agrégale cartulina en el interior para hacerla más firme y fuerte.

## COREA

## ¿Sabías que...?

Corea es una península montañosa del tamaño aproximado del estado norteaméricano de Utah, proyectada hacia el sur de la parte oriental de Asia. Es el histórico puente entre China y Japón.
La habilidad coreana para trabajar el metal en artesanías se puede detectar desde el año 1000 a.C. Corea incorporó esta habilidad como parte de sus atuendos reales. Desde hace mucho tiempo, los reyes coreanos han usado bellas y elaboradas coronas creadas con gran arte, bellos diseños e infinidad de gemas.

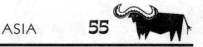

# Montecillos de arena Pimia

**principiante** · **1** preparación · **escultura** · **!** precaución

**LAOS**

### ¿Sabías que...?

Pimia es la celebración de Año Nuevo en Laos. Se efectúa durante la primavera y dura tres días. Las personas van a los templos y elaboran montecillos de arena en los patios, la cual se usa posteriormente para la reparación de los templos. Pero durante Pimia, los montecillos son decorados con flores, dinero, juguetes y banderas. Pimia también incluye un gran festejo y juegos con agua. Es una celebración alegre, con muchas risas y diversión.

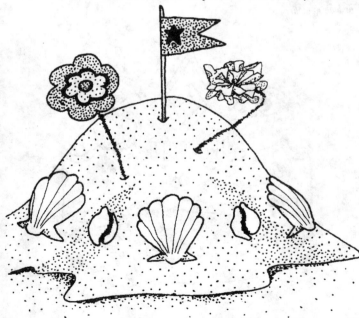

Los jóvenes artistas hacen montecillos de arena en el exterior o interior de casa, en una caja. Los montecillos son decorados con banderas hechas a mano, dinero de juguete, flores de papel u otras cosas o gustos especiales.

## Materiales

Un área exterior, como patio o jardín, o una caja
Arena
Materiales artísticos para decorar la arena, como:
  Recortes de papel, palillos de bambú, cinta adhesiva, limpiapipas
  conos de pino, pasto o yerbas, conchas, juguetes, papel de china

## Proceso

1. Haz un bonito montecillo de arena afuera de tu casa o en una caja de cualquier tamaño
2. Decora la arena con los objetos que tú escojas, como:
   ✔ Banderas hechas con recortes de papel y colocadas en palitos de bambú o similar (supervisado)
   ✔ Flores de papel hechas con papel de china y limpiapipas
   ✔ Pequeños juguetes colocados en patrones y diseños sobre la arena
   ✔ Pasto o yerbas metidos en la arena
   ✔ Conchas, conos de pino u otros objetos de la naturaleza, acomodados en la arena
   ✔ Banderines hechos de papel y colocados en la arena
   ✔ Billetes de papel puestos en la arena
3. Haz todos los montecillos de arena que tú quieras para disfrutar la celebración de Pimia.

# Barcas de la abundancia

**!** precaución    **construcción**    **1** preparación    **★** principiante

Los jóvenes artistas construyen pequeñas embarcaciones con desechos, pedazos de madera, flores y hojas de árbol, para ponerlos a flotar en un estanque o alberca o en un recipiente grande sobre una mesa.

## Materiales

### Para la base del bote flotante

Recipiente para sándwich de unicel
Recipiente transparente de plástico para ensalada
Papel aluminio

Pedazos de madera
Cajas pequeñas de cartón

### Para decorar el bote

Sobrantes de tela
Sobrantes de papel
Estambre o hilaza y listones
Nueces y centavitos

Velitas de cumpleaños
Tapas de plástico o metal
Flores y hojas de árbol
Barro

Martillo, clavos, tachuelas, engrapadora, pegamento, cuerda, ligas, clips, etc.

### Para el agua

Alberca, estanque o chapoteadero, en exterior
Recipiente grande y mesa, o tina de baño, en interior
Cerillos, con ayuda de un adulto, opcional

## Proceso

1. Consigue una gran variedad de desechos y materiales para construir el bote.
2. Pega de alguna manera los pedazos y trozos de materiales a una base que puede ser: un bloque de madera o un recipiente para sándwich de unicel.
3. Agrega flores y hojas de árbol verdaderas.
4. Agrega nueces (cuidado con los niños alérgicos a las nueces) y centavitos como símbolos de buena suerte y fortuna.
5. Dale el toque final con una velita de cumpleaños para la demostración, asegúrala con un poco de barro.
6. Pon a flotar el bote en un chapoteadero, alberca o estanque (con ayuda de un adulto)

### Para prender las velitas

Prende las velas únicamente con la ayuda de un adulto en el momento que lo vayas a poner a flotar, para que el adulto revise que las velitas estén bien aseguradas y para apagarlas antes de que saques el bote del agua. Disfruta de tu bote iluminado durante la noche o en un cuarto oscuro.

**TAILANDIA**

## ¿Sabías que...?

*Loy Krathong* es un festival tradicional tailandés que celebra el agua y su abundancia. *Loy Krathong* se lleva a cabo antes de la cosecha, a mediados de noviembre, en una noche con luna llena. Los tailandeses se encuentran a las orillas de ríos y canales para poner a flotar sus botes hechos de cartón, plástico y madera, decorados con flores y hojas e iluminados con velas. Los botes usualmente contienen ofrendas como dinero o nueces, como símbolos de arrepentimiento por los errores del pasado.

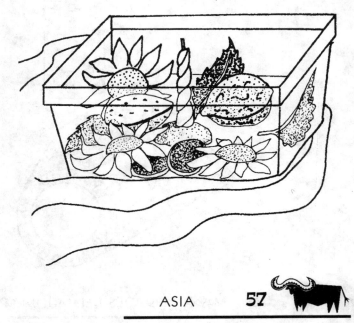

# Farol para lunada

**VIETNAM**

Cada joven artista crea un farol de papel hecho con un tubo de cartoncillo, para colgarlo de una percha sólida.

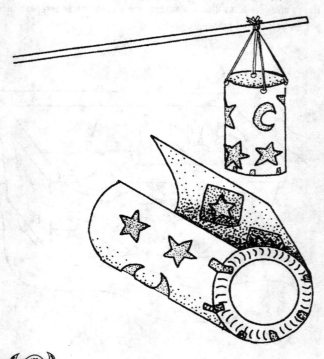

## ¿Sabías que...?

*Tet Trung Thu* es un festival celebrado a mediados de otoño en honor a la belleza de la Luna, en el día 15 del octavo mes del calendario chino lunar. Se comen pasteles y se dan regalos. Los niños elaboran faroles con formas de animales y otros objetos. Al anochecer los encienden con velas en el interior y hacen desfiles por las calles, al ritmo de tambores y platillos.

## Materiales

Cartoncillo o cartulina rectangular, de aproximadamente 20 x 35 cm
Plato pequeño de papel para la base
Tijeras, cinta adhesiva y pegamento
Papel de china de colores
Perforadora
Cuerda
Percha
Vara luminosa o lámpara de mano pequeña

## Proceso

1. Mide un pedazo de cartoncillo o cartulina de aproximadamente 20 cm de ancho (será la altura del farol) y lo suficientemente largo para cubrir el diámetro del plato (ver ilustración). Recorta el rectángulo para formar un cilindro que será el farol de papel.
2. Dibuja y recorta diversas figuras en el cartoncillo, como lunas, estrellas, figuras geométricas, de animales u otros diseños. No cortes cerca de las orillas del rectángulo, únicamente las áreas centrales.
3. Corta pedazos de papel de china y pégalos en la parte posterior del cartoncillo cubriendo los hoyos. Usa todos los colores que desees.
4. Enrolla el cartoncillo haciendo un cilindro y pega la orilla con cinta. Ahora pégalo al plato que servirá de base.
5. Con la perforadora, perfora cuatro hoyos alrededor de la parte superior del cilindro de forma bien espaciada.
6. Ata cordones del mismo tamaño en cada hoyo. Une los cordones en la parte superior y ponlo en la percha.
7. Coloca una vara luminosa o una lamparita de mano (las venden en las tlapalerías) dentro del farol. Haz una lunada, organiza un desfile de faroles en la noche o en un cuarto oscuro. Agrega tambores y platillos para completar la celebración.

# Europa

Las artes, invenciones y celebraciones de Europa ofrecen a los niños la oportunidad de explorar el pasado, desde la antigua Roma y los tiempos griegos hasta el moderno mundo actual. Los jóvenes artistas explorarán la gran variedad de culturas europeas y se fascinarán con 25 proyectos, como huevos con crayón de Checoslovaquia, siluetas francesas, modelos con cera de abeja de Alemania, botones aperlados de Inglaterra, entre otros.

## Bibliografía seleccionada

### Europa del Este

*Elinda quien bailó en el cielo*, de Lynn Maroney (Children's Press, 1990)

*Mazel y Shlimaza, o leche de una leona*, de Isaac Bashevish Singer (Farrar, Straus & Giroux, 1967)

*Podría ser peor: un cuento folklórico judío*, de Margot Zemach (Farrar, Straus & Giroux, 1990)

### Inglaterra

*Váyanse sueños malos*, de Susan Hill (Random House, 1985)

### Finlandia

*Louhi, bruja de la granja del norte*, de Toni DeGerez (Viking, 1986)

### Francia

*El globo rojo*, de Albert LaMorisse (Doubleday, 1967)

*El vuelo glorioso: Cruzando el canal con La bestia del señor Racine*, de Tomi Ungerer (Farrar, Straus & Giroux, 1971)

*Louis Bleriot*, de Alice and Martin Provensen (Viking, 1983)

*Madeline*, de Ludwig Bemelmans (Viking, 1993)

*Sopa de piedra*, de Marcia Brown (Simon & schuster, 1947)

### Italia

*Travesuras de Roma*, de David Macauley (Houghton Mifflin, 1997)

### Irlanda

*Daniel O'Rourke*, de Gerald McDermott (Viking, 1986)

### Noruega

*Muchacho: Cuentos de la niñez*, de Roald Dahl (Farrar, Straus & Giroux, 1984)

### Rusia

*Annie...Anya: un mes en Moscú*, de Irene Trivas (Orchard, 1992)

*Babushka: Un cuento folklórico ruso*, de Charles Mikolaicak (Holiday, 1984)

*El árbol del tío Vova*, de Patricia Polacco (Putnam, 1989)

*La Mamá Ganso de Babushka*, Patricia Polaco (Putnam, 1995)

*La Pequeña hermana y los hermanos del mes*, de Beatrice S. De Regniers (Houghton Mifflin, 1976)*Sucedió en Pinsk*, de Arthur Yorinks (Farrar, Straus & Giroux, 1983)

*Pedro y el lobo*, de Sergei Prokofiev (Puffin, 1986)

### Suecia

*El Tomten y la Zorra*, de Astrid Lindgren (Putnam, 1989)

### Gales

*La Niña de Selkie*, de Susan Cooper (Simon & Schuster, 1986)

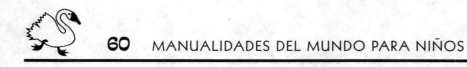

# Silla de bodas

pintura | 2 preparación | ★★ alguna experiencia

Los jóvenes artistas pintan una silla especial para celebrar algún evento ¡hasta para una boda!

## Materiales

Papel café (un saco viejo o papel estraza)
Lápiz
Crayones
Una silla vieja con respaldo de superficie plana
Pinturas acrílicas no tóxicas y colores brillantes, tales como:
    azul, negro, blanco, rojo
Pinceles
Agua
Barniz transparente (o cualquier recubrimiento claro) y brocha

## Proceso

1. Piensa en algún evento especial que quieras celebrar, posiblemente hasta una boda. Cualquier evento es bueno, cumpleaños, el nacimiento de un hermanito, un día festivo o la bienvenida de una mascota ¡cualquier cosa!
2. Dibuja tu diseño en papel café con un lápiz.
3. Colorea tu diseño con crayones. Éste será tu patrón a seguir.
4. Dibuja con el lápiz el mismo patrón en el respaldo de la silla. Pinta tu diseño con pinturas acrílicas.
5. Cuando termines, remoja tus pinceles en agua y sécalos.
6. Deja que la silla seque toda la noche o más. Entonces con la ayuda de un adulto y la brocha, dale una capa de barniz transparente a tu diseño para protegerlo.

**AUSTRIA**

## ¿Sabías que...?

En Austria, en las bodas se requiere de una silla pintada llamada Hockzeitsstufh o silla de bodas.
Escenas de la boda, con la novia y el novio o músicos y bailarines de la fiesta, son pintadas en el respaldo de la silla para recordar el evento, así como para decorar ese momento memorable de la pareja.

# Huevos al crayón

**REPÚBLICA CHECOSLOVACA**

## ¿Sabías que...?

La gente de Checoslovaquia es mundialmente reconocida por ser muy detallista en la elaboración de huevos de Pascua (Semana Santa) pintados a mano. Sus diseños y símbolos son de gran significado para el artista.

Los jóvenes artistas pueden decorar huevos de Pascua (para Semana Santa o cualquier otra ocasión) usando tinte y crayones de cera y agregando ideas personales o símbolos favoritos de primavera.

## Materiales

Tinte para huevo
Tazas
Vinagre
Papel crepé

Huevos cocidos
Crayones de cera
Cuchara
Soporte para huevo

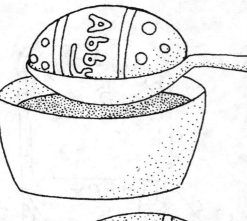

## Proceso

1. Mezcla el tinte para huevo de acuerdo con las instrucciones del paquete. Pon cada color en una taza separada, agregándole un poco de vinagre para fijarlo. (Tinte opcional: coloca papel crepé en una taza con agua. Cuando el color esté fuerte, desecha el papel. Agrega un poco de vinagre para fijar el color).
2. Dibuja un diseño en un huevo cocido con tus crayones de cera. Colorea firmemente pero con cuidado. Algunas ideas para símbolos y diseños pudieran ser:

**Símbolos**

conejito        pollito              pato                      flor
cruz            un sol               el nombre de un niño      corazón

**Diseños**

conchas         zigzags              curvas                    cuadros
bolitas         cuadros escoceses    espirales                 rizos

3. Con la cuchara, mete el huevo en la taza con tinte. Dale vueltas al huevo para que se cubra por completo. Observa cómo el color no afecta a lo pintado con los crayones.
▲ Nota: A algunos artistas les gusta meter el huevo en más de un color. Una opción es meter el huevo parcialmente en un color y luego a un segundo o tercer color. Otra opción sería meter completo el huevo en más de un color para ver cómo se mezclan los colores.
4. Saca el huevo del tinte cuando el color ya esté firme y déjalo secar en un recipiente.

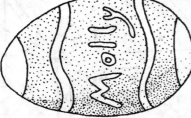

# Botones aperlados

Los jóvenes artistas decoran ropa con botones blancos. Aunque los diseños simples son magníficos, los extravagantes son más divertidos, como los aperlados de Londres.

## Materiales

Pieza vieja de ropa para decorar (un chaleco o sombrero son buenos para comenzar)
Muchos, muchos botones blancos. (Pueden ser donaciones de personas que los han reunido por años o puedes comprarlos en una tienda de artículos para costura. También puedes usar botones de colores, cualquier tipo de botones puede ser muy divertido.)
Aguja e hilo
Tela, pegamento, opcional
Tijeras de costura

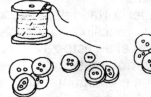

## Proceso

1. Tiende el chaleco o pon el sombrero sobre tu área de trabajo. Coloca algunos botones sobre una u otra prenda. Coloca los botones haciendo tu diseño y muévelos tantas veces quieras hasta que queden a tu gusto. Puedes empezar con pocos y agregar más después.
2. Quita los botones y ponlos a un lado.
3. Ensarta la aguja con el hilo. Si pones el hilo doble y le haces un nudo en las puntas trabajarás a gusto. Pasa la aguja por la parte posterior de la prenda para que no se vea el nudo. Pon un botón a través de la aguja y déjalo caer sobre la prenda. Pasa la aguja por otro de los hoyos del botón. Lleva a cabo esta operación hasta que el botón quede fijo en la ropa.
4. Sin romper el hilo vuelve a pasar la aguja a través de la tela por la parte posterior en la posición de otro botón y repite la operación anterior fijando el segundo botón. Continúa hasta que se te acabe el hilo. Agrega más y más botones. (Los botones pueden ser pegados en vez de cosidos.)
5. Cose los botones en el diseño que creaste desde un principio o modifícalo según vayas avanzando. ¡Viste tu prenda con orgullo!

▲ Nota: Puedes trabajar en este proyecto durante varias semanas e ir elaborando tu diseño poco a poco hasta que lo termines.

### INGLATERRA

## ¿Sabías que...?

Alrededor de 1900 en Londres, un grupo de personas que vendía frutas y otros productos en las calles comenzó una práctica que se hizo costumbre para atraer clientes, ésta consistía en coser botones a los lados de sus pantalones. Los vendedores que decoraban su ropa de esta manera eran llamados "perlies" (aperlados) ya que los botones parecían perlas. Aunque quedan pocos de estos vendedores en las calles de Londres, éstos todavía atraen la atención en todos los lugares donde venden su ropa.

# Papel jaspeado

## ¿Sabías que...?

La técnica de flotar tinta en agua para después pasar el diseño a papel fue originalmente desarrollada en Persia (lo que hoy es Irak) en el siglo XVI. Un lord inglés, canciller del Exchequer fue el responsable de llevar esta técnica a Inglaterra. Este papel era usado para encuadernación y como "hojas finales" de los libros o colocados en la parte interna de las cubiertas. El papel jaspeado es todavía una tradición para encuadernar.

Los jóvenes artistas pueden crear una versión simplificada de papel jaspeado, "asimilando" en un papel, el diseño que forma una gota de tinta de aceite flotando en agua.

## Materiales

Guantes de látex y mandiles para cubrirse
Recipiente poco profundo y agua
Tinta de aceite (no tóxica) con un gotero (o usa un gotero de alguna medicina que ya se haya terminado)
Palito
Papel cortado en un cuadro de 15 cm, puede ser:
   Cartoncillo
   Papel de estraza
   Cartón mate delgado
Área para entintar cubierta con periódico

## Proceso

1. Ponte los guantes de látex y cúbrete con un mandil cuando estés trabajando con la tinta de aceite. Es difícil quitárselo de las manos o de la ropa.
2. Cuando estés listo, pon el agua en el recipiente.
3. Agrega unas gotas de la tinta en el agua.
4. Muy despacio, mueve la tinta un poco con el palito.
5. Dobla las orillas del cuadro de papel para poderlo sostener.
6. Con mucho cuidado, flota el papel sobre la tinta y el agua; rápidamente levántalo por la esquina doblada. No dejes que el papel se empape.
7. Coloca el papel jaspeado sobre una capa de periódico gruesa y déjalo secar.
8. Haz tantos como desees. Agrega unas gotas de tinta si es necesario.
9. Cuando los cuadros estén secos, puedes exponerlos o usarlos para forrar libros o para anotaciones.

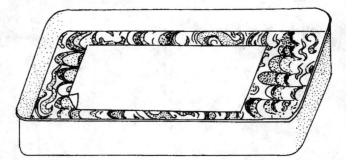

# Diseño de papel enrollado

construcción | preparación | alguna experiencia
1

Los jóvenes artistas crean un diseño a partir de una idea básica y sencilla, como enrollar papel y formar figuras geométricas.

## Materiales

Cartoncillo o cartulina para el entorno del diseño
Lápiz
Tiras de cartoncillo de aproximadamente 1 cm de ancho en variedad de colores
Pegamento

## Proceso

1. Dibuja una figura geométrica, ya sea círculo, cuadrado, triangulo o rombo en la cartulina o en una hoja de papel para el entorno.
2. Escoge unas cuantas tiras de 1 cm del cartoncillo de colores.
3. Sostén con el lápiz la orilla de una tira para poder enrollarla. Enróllala alrededor del lápiz. Pudieras necesitar ayuda de un adulto hasta dominar el enrollado.
4. Saca la tira de papel del lápiz manteniendo su forma. (Esto te debe recordar los rizos hechos en el cabello de las mujeres).
5. Pega el papel enrollado por uno de sus lados en tu diseño del cartón, ya sea sobre las líneas, por fuera o por dentro.
▲ Nota: El papel debe permanecer enrollado, pero si se desenrolla un poco no hay problema.
6. Continúa enrollando y pegando las tiras hasta que tu diseño esté completamente cubierto.
7. Después de que practiques con diseños sencillos, puedes intentar diseños más complicados.
▲Nota: Las tiras de papel enrollado se pueden comprar en tiendas de artesanías.

INGLATERRA

## ¿Sabías que...?

"Quilling", en inglés, se le llama al arte de enrollar tiras de papel de esta manera y pegarlas a un entorno para hacer bellos diseños y texturas. Aunque se cree que los egipcios fueron los primeros en realizar este arte, la primera referencia clara que se tiene de esta actividad como arte proviene de Inglaterra en el siglo XV. En esa época era usado por algunas iglesias para configurar el entorno de esculturas religiosas.

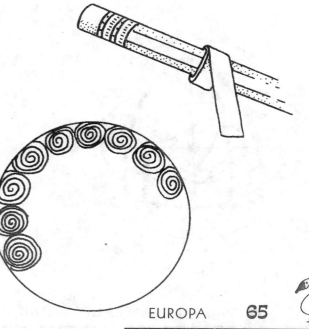

# Thaumatropes

**INGLATERRA**

## ¿Sabías que...?

En 1825 el doctor Fitton inventó un juguete de papel llamado *thaumatrope*, que utilizaba la idea de la persistencia retiniana o cómo el ojo retiene una imagen el tiempo suficiente para que otra imagen se sobreponga a la primera sin notarlo. El *thaumatrope* era una tarjeta circular con una cuerda atada a ambos lados. Un lado tenía el dibujo de un pájaro y el otro una percha para pájaro. Cuando se enrollaba la cuerda y se soltaba, parecía que el pájaro estaba parado sobre la percha.

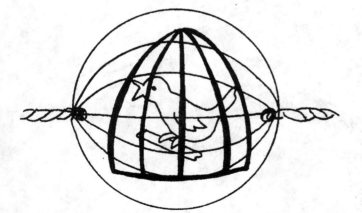

Los jóvenes artistas hacen sus propios *thaumatropes* para disfrutarlos y entretener a su familia y amigos.

## Materiales

Cartón
Plumones de colores
Tijeras
Perforadora
Cuerda

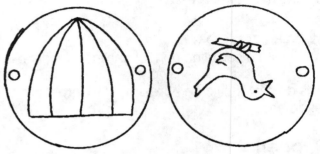

## Proceso

1. Dibuja un círculo en el cartón. Recorta el círculo. (recortar el círculo del cartón puede ser difícil y probablemente necesites ayuda de un adulto).
2. Piensa en objetos que normalmente van juntos como:
   ✔ Un pez y una pecera
   ✔ Un pájaro y una jaula
   ✔ Una persona y una silla
   ✔ Una cara sonriente y el marco de un cuadro
   ✔ Un gato durmiendo y una alfombra
3. Dibuja cada objeto en cada uno de los lados del círculo; un pájaro en un lado y una jaula en el otro, por ejemplo.
4. Perfora un hoyo en cada lado opuesto del círculo. Ensarta una cuerda a través de los hoyos.
5. Dale vueltas al círculo mientras sostienes la cuerda estirada con ambas manos. Al soltar, el círculo dará vueltas y verás cómo se mezclan ambos dibujos.

### *Thaumatrope* simple

Corta dos círculos de papel grueso. Dibuja tus ideas para el *thaumatrope*, como el pez y la pecera, uno en cada lado. Engrapa los círculos, espalda con espalda, sobre un palito redondo. Frota el palito entre las palmas de tus manos y los dibujos se moverán de atrás para adelante causando el mismo efecto *thaumatrope* como sucede con la cuerda.

# Jabón hecho a mano

Los jóvenes artistas pueden fabricar jabón francés para las manos, con pedazos sobrantes reciclados.

## Materiales

Hervidor doble (o recipientes para baño maría) y agua
Pedazos de jabón sobrantes
Estufa
Cuchara grande
Perfume
Recipiente para hornear galletas
Espátula
Cortadores para galletas
Toallas de papel

## Proceso

▲ Nota: Todos los pasos en los cuales se tenga que usar la estufa deberán ser supervisados por un adulto.

1. Llena con agua la parte inferior del hervidor hasta aproximadamente la mitad.
2. Pon los pedazos de jabón con un poco de agua en la parte superior.
3. Con la ayuda de un adulto, coloca el hervidor en la estufa a fuego lento. Cuando el jabón se vaya calentando y se haga suave, muévelo para que no tenga burbujas. Agrega un poco de agua si es necesario.
4. Agrega un poco de perfume o esencia de baño de burbujas para darle fragancia.
5. Cuando la mezcla adquiera la consistencia espesa, con la ayuda de un adulto, ponla en el recipiente para hornear galletas. Aplánala con la espátula hasta que tenga aproximadamente 3 mm de grueso.
6. Déjala enfriar y endurecer por unos minutos.
7. Recorta el jabón con tus cortadores para galletas.
8. Quita las figuras de jabón con la espátula y colócalas sobre las toallas de papel.
9. Junta los sobrantes de jabón con la espátula y sigue el mismo procedimiento.

### Idea para regalo

Las figuras de jabón pueden ser envueltas en plástico transparente y con un moño serán un regalo útil y adorable de jabón francés hecho a mano.

**FRANCIA**

## ¿Sabías que...?

Se dice que el jabón fue descubierto por casualidad en Roma antigua. Pero no fue sino hasta que los científicos franceses descubrieron que el jabón podía ser barato, que las personas comenzaron a comprarlo y usarlo. Los franceses son famosos porque hacen hermosas y originales figuras de jabón que tienen deliciosas fragancias.

# Silueta de un perfil

**FRANCIA**

## ¿Sabías que...?

Aunque el arte de las siluetas era parte de la cultura romana, el crédito de delinear las siluetas de perfil desde los hombros hasta la cabeza es para los franceses. La silueta es directamente recortada del papel y presentada como retrato.

Los jóvenes artistas recortan la silueta del perfil de un amigo, usando una lámpara común de escritorio, papel negro, gis y unas tijeras con filo.

## Materiales
Silla
Lámpara de escritorio ajustable
Mesa
Cinta adhesiva
Papel negro
Papel de otro color contrastante
Gis blanco
Tijeras filosas en buen estado
Pegamento blanco

## Proceso
1. Coloca una silla a 35 cm aproximadamente de la pared.
2. Ahora coloca la lámpara a 35 cm de la silla, de manera que ilumine hacia la pared. Verifica que la lámpara ilumine hacia la pared.
3. Pega con la cinta el papel negro en la pared, en donde ilumina la lámpara.
4. Pídele a un amigo que se siente en la silla con un oído hacia la pared y el otro hacia la lámpara. Comprueba que la luz refleje la silueta de manera que ésta quede perfectamente delineada en la pared. Si no está perfectamente delineada, mueve la silla o la lámpara hasta que la obtengas.
5. La persona deberá estar perfectamente quieta mientras trazas el perfil. Traza el perfil con el gis blanco.
6. Después que hayas completado el perfil, recórtalo con tus tijeras a lo largo de la línea hecha con el gis.
7. Pega el perfil a otra hoja de papel de color contrastante, el color puede ser blanco, para resaltar la silueta terminada.

# Modelos con cera de abeja

Los jóvenes artistas no deben de perder la oportunidad de trabajar con la suave y fragante cera de abeja, tal vez para crear esculturas de pequeños abejorros o ¡hasta una escena de un cuento de hadas!

## Materiales

Cera de abeja para modelado en varios colores; se puede comprar en tiendas de artículos escolares o de arte

## Proceso

### Modelado básico

1. Corta un pedazo de cera de abeja de la barra, tal vez ¼ de barra. Suavízala calentándola con tus manos hasta que esté tibia y moldeable. Éste es un buen momento para escuchar una historia, ya que se puede llevar un buen tiempo. Mmmm ¿hueles ese olor que despide la miel?

▲ Precaución: Si dejas la cera de abeja directamente bajo el Sol, en el automóvil o cerca de algo caliente, se puede derretir.

2. Cuando la cera esté suave, comienza a darle forma por medio de aplanar, estrujar y estirar.

3. Haz una figura de cualquier tipo. Puedes comenzar con una viborilla o algo sencillo para que explores cómo se siente la cera.

4. Deja que tu escultura se enfríe. Se endurecerá y mantendrá su forma a menos que se vuelva a calentar y entonces se podrá volver a moldear. La cera de abeja se puede usar una y otra vez.

## Algunas ideas

Crea una flor, abeja o mariposa haciendo pequeños pétalos de una bola de cera.

Enrolla un poco de cera para hacer una viborilla con ojos y en colores diferentes.

Mezcla tu cera de colores para formar combinaciones.

De una bola ovalada puedes hacer animales, como perros o gatos, únicamente jalando algunas partes para formar piernas, brazos o la cabeza.

Aplana la cera para hacer una capa delgada que puedes utilizar para cubrir otras cosas como un pedazo de madera o una cajita para joyas.

Trabaja en grupo con tus amigos y pueden elaborar una escena completa con personajes, jardines y animales, entre otros.

**ALEMANIA**

## ¿Sabías que...?

Un material complementario de arte que se puede encontrar en las escuelas de Alemania, es la cera de abeja de colores para modelar. Éste es un material excelente para el arte, que huele como miel cada vez que lo calientas y modelas con las manos. La cera de abeja para modelado viene en hermosos colores en forma de barra. Se puede llevar un buen tiempo el suavizarlo, pero pasarás un rato increíble escuchando un cuento de hadas.

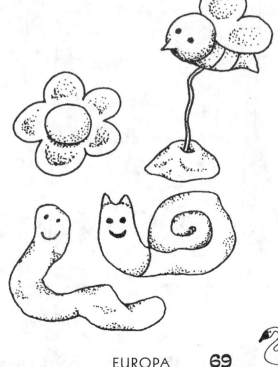

# Flores prensadas y enmarcadas

**ALEMANIA**

## ¿Sabías que...?

Alemania tiene una antigua historia en la creación de piezas de arte con flores. Una de estas manualidades consiste en un conjunto de flores prensadas, hechas con un hermoso diseño decorativo.

El joven artista prensará flores y las pegará en papel blanco formando su propio diseño, el cual después será enmarcado con vidrio.

## Materiales

Cualquier tipo de flores u hojas delicadas, que puedes encontrar plantadas en el jardín de tu casa, que crecieron de semillas, o recolectadas en la calle o en algún parque; también puedes comprarlas en una florería.
Toallas de papel
Cartón de 30 cm x 45 cm
Libros pesados
Papel grueso o cartón mate (que quepa dentro del marco)
Pegamento blanco en un recipiente y palillos
Marco para fotos vacío, con vidrio

## Proceso

1. Reúne varias flores y hojas, muy temprano si es posible.
2. Coloca las delicadas flores y hojas entre dos toallas de papel sobre el cartón. Deja espacio entre las flores y plantas de manera que no se toquen unas con otras.
3. Coloca las dos toallas de papel sobre el cartón. Pon libros pesados sobre las toallas de papel con las flores y hojas dentro. Déjalos así varios días.
4. Quita los libros. Lleva las flores (aún entre las toallas de papel) de nuevo a tu mesa de trabajo. Quita la toalla que quedó en la parte superior para poder ver las flores y hojas ya prensadas, pero todavía no las toques.
5. Con cuidado selecciona una de las flores, tómala y colócala en una hoja de papel, haz lo mismo con las otras flores y hojas y ve creando tu propio diseño. Ten cuidado con el aire o el viento que pueda hacer la gente al caminar y que accidentalmente podrían hacer volar tus flores y hojas fuera del papel.
6. Cuando todo tu diseño esté listo, moja la punta de un palillo en pegamento y pon un pequeño punto en una flor u hoja para pegarla en la hoja de papel. Haz lo mismo con todas las flores y hojas de tu diseño hasta que todas estén pegadas. Recuerda usar pequeñas cantidades de pegamento. Deja que el pegamento seque por completo.
7. Coloca tu gran diseño de flores en el marco y disfruta por años y años de esta obra de arte, ahora en el marco.

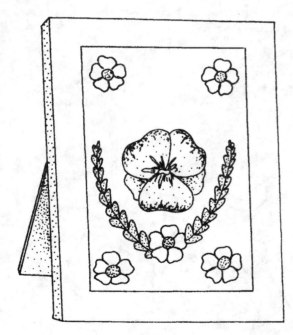

# Creador de mapas imaginarios

El joven artista diseñará un mapa del mundo, basado sólo en su imaginación.

## Materiales
Hoja grande de papel para dibujar
Algo redondo que quepa en el papel para poder trazar un círculo, como un tazón o un aro
Herramientas para colorear como:
   Pinturas y pinceles
   Plumones
   Crayones
   Colores

## Proceso
1. Coloca la hoja de papel en el suelo o en una mesa.
2. Coloca la figura circular, el tazón por ejemplo, en el centro del papel (si tu papel es muy grande, podrías usar un aro de hula hula). Traza el círculo con un marcador. Ahora tienes un círculo que será la figura de tu planeta.
3. Ahora, imagina todo un mundo o un planeta que aún no ha sido descubierto. Imagina la figura de la tierra, de los mares, ríos y lagos; dónde estarían las montañas, dónde viviría la gente. ¿Sería un planeta para seres humanos o para otras criaturas? ¿Tendría tierra o estaría completamente bajo el agua? ¿Es éste planeta diferente al planeta Tierra?
4. Dibuja tu mundo imaginario en el círculo de papel. Dibuja todos los detalles que desees. Caminos, carreteras, casas, barcos, criaturas u otras ideas que salgan de tu imaginación, que pueden ser divertidas en tu dibujo.
5. Para hacerlo aún mas divertido, ponle un nombre a tu planeta, e inventa también una historia acerca de él.

### ALEMANIA

## ¿Sabías que...?

Dos alemanes que se dedicaban a hacer mapas son conocidos por establecer, hace muchos años, las características para un mapa excelente. El mapa más antiguo de un globo terráqueo fue hecho por el comerciante y navegante alemán, Martin Behaim (1459-1507). Otro gran mapa del mundo fue realizado por Martin Waldseemüller (1470-1518), éste fue impreso en 12 hojas y medía 1.5 x 2.5 m. Cada hoja fue impresa por separado con la técnica de grabar primero a mano la imagen en madera y luego imprimirla en la hoja.

# Monedas de masa de pan

**GRECIA**

El joven artista puede crear monedas en forma de galletas que se puedan pintar, a partir de una masa de pan rancio.

## ¿Sabías que...?

Desde tiempos remotos, la gente usaba como dinero la sal, uñas, piedras, dientes de ballena, conchas y cualquier otra cosa inimaginable. Gradualmente la gente empezó a usar el oro, plata y joyas, en distintas formas y tamaños más convenientes. Los chinos fueron los primeros en usar monedas, pero los griegos fueron los primeros en agregarle algo artístico a sus monedas. Grabaron figuras de líderes, dictadores, héroes, arquitectos, escenas religiosas e incluso eventos atléticos en cada una de las monedas.

## Materiales

Pan de barra blanco rancio (dos rebanadas por artista)
Tazón
Pegamento blanco
Papel aluminio
Molde pequeño para cortar galletas redondas
Colorante vegetal (del que usan en repostería) y pinceles

## Proceso

1. Quítale las orillas al pan. Tíralas o úsalas para alimentar a los pájaros.
2. Con tus manos, corta el pan en pedazos pequeños y colócalos en el tazón. Agrega suficiente pegamento blanco para que el pan quede ligeramente mojado pero no empapado.
3. Con los dedos, junta todos los pedazos y mézclalos con el pegamento hasta obtener una masa. Si es necesario, agrega más pegamento. (¿Demasiado pegamento? Agrega más pan).
4. Haz bolitas con la masa. Después aplánalas sobre el papel aluminio con tus manos.
5. Usa el cortador de galletas para que queden bien hechos los círculos.
6. Deja los círculos en el papel aluminio. Pinta diseños o dibujos en tus monedas de pan rancio con colorantes vegetales.
7. Déjalas secar hasta que estén duras.

# Monedas de botón

Con la ayuda de un adulto, los jóvenes artistas harán la réplica de una moneda antigua, con arcilla de polímero y botones.

## Materiales

Terrón pequeño de cualquier arcilla de polímero, como *Sculpey* o *Fimo*
Varios botones (trata de encontrar de metal decorativos con diseños en la orilla)
Arcilla de polímero de colores (plateado, dorado y bronce)
Lápiz
Clip
Charola para hornear y guantes de cocina
Horno precalentado a 250°F (130°C)

## Proceso

1. Esparce algo de arcilla en una loza de 3 cm de grueso. Presiona los botones dentro de la arcilla para hacer las impresiones. Deja que el molde de arcilla endurezca por completo, dejándolo al aire por uno o dos días.
2. Después, ablanda un trozo de arcilla metálica amasándola con la mano, y entonces coloca un poco de la arcilla metálica en cada impresión.
3. Inserta la punta de un lápiz o de un clip en la parte trasera de la arcilla de color metálico y saca cada moneda de arcilla de su molde. Ponla en la charola para hornear.
4. Con la ayuda de un adulto, hornea las monedas de arcilla de colores metálicos, siguiendo las instrucciones del paquete de arcilla, (normalmente de 5 a 10 minutos a 250°F).
5. Deja enfriar en la charola. Las monedas horneadas ya frías estarán duras y brillantes, como verdaderas monedas de metal.

## Variación

### Para hacer monedas con cera de crayones

1. Quita el papel del crayón de color metálico y pártelo en varios pedazos. Un adulto derrite (a baño María) los pedazos de crayón en una pequeña taza de metal dentro de una sartén con agua muy caliente.
▲ Precaución: Se necesita la ayuda y supervisión de un adulto. La cera es inflamable si se calienta demasiado. Nunca derritas la cera directamente sobre una flama; usa una sartén u otro recipiente con agua caliente.
2. Cuando la cera esté derretida, un adulto verterá la cera líquida en las impresiones hechas en la arcilla.
3. Cuando la cera enfríe por completo, saca las monedas de cera del molde.

**GRECIA**

## ¿Sabías que...?

Los antiguos griegos, alrededor del año 100 a.C. fabricaban monedas hechas de metales preciosos, como el oro y la plata. Cada ciudad griega hacía sus propias monedas y era un símbolo de gran poder para una ciudad el acuñar su propio dinero. Las imágenes de dioses griegos, animales y gente famosa eran usadas para decorar las monedas. Los artistas que creaban las monedas grababan pequeñas escenas en pedazos de piedra, después vertían el metal en las áreas grabadas. Cuando el metal se enfriaba y endurecía, entonces la moneda estaba lista para ser sacada del molde.

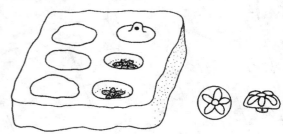

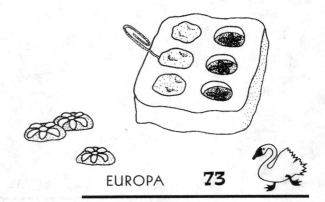

# Ciudad amurallada

**GRECIA**

## ¿Sabías que...?

Hipodamo fue un arquitecto que vivió en la ciudad de Mileto, en Grecia, alrededor del año 470 a.C. Diseñó y planeó las ciudades a gran escala, con espacios abiertos, edificios públicos y calles rectas, haciendo intersección en ángulos rectos. Un hermoso ejemplo de ello fue Priene, junto a Mileto, localizada en pendiente en lo alto de una colina sobre la bahía. Rodeada de una gran muralla para protegerse de las invasiones, la ciudad fue exitosamente planeada para vivir, trabajar y jugar.

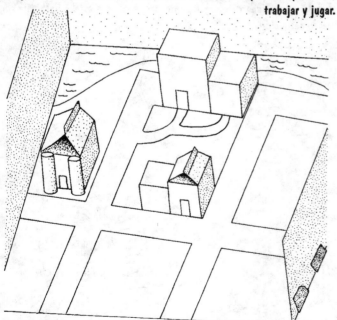

La industria motiva a los jóvenes artistas a planear y construir una ciudad con cartones de leche, al estilo de Hipodamo de Mileto, el famoso arquitecto griego.

## Materiales

Pliego grande de cartulina para cubrir una mesa
Cajas que se transformarán en construcciones, por ejemplo

| | |
|---|---|
| Cajas de cartón (chicas y grandes) | Cajas para joyas |
| Cajas de comida limpias | Cajas de zapatos |

Pegamento blanco, cinta adhesiva, engrapadora u otros materiales para pegar y construir
Pinturas de témpera y pinceles, plumones y crayones
Retazos y pedazos de:

| | |
|---|---|
| Cartoncillo | Papel estraza, de china, etc. |
| Hojas de revistas | Pedazos de cartulina |
| Envolturas de plástico | Envolturas de papel |

## Proceso

1. Desdobla o corta un pedazo de cartulina para formar la base de la ciudad.
2. Habla acerca de la ciudad y planea las posibilidades de construcción. La ciudad puede ser grande o chica, antigua o moderna, real o imaginaria. Piensa: ¿habrá un parque, un lago, un teatro, una laguna, tiendas y supermercados, escuelas y parques? ¿habrá casas o departamentos? Ya que los planes hayan sido decididos, dibújalos en la cartulina. Dibuja las calles también.
3. Cuando todas las calles estén dibujadas, comienza a construir los edificios de la ciudad. Las cajas de leche y las otras servirán para esto. Puedes cubrirlas con papel de colores. Las ventanas, puertas, ladrillos y otras decoraciones puedes dibujarlas sobre el papel con el que las cubriste. Los techos puedes hacerlos doblando un rectángulo de papel a la mitad y sujetándolo a la parte superior de las cajas de cartón. Puedes hacer letreros para las tiendas. Las columnas puedes hacerlas enrollando pedazos de cartón.
4. Incluye otro tipo de necesidades a tu diseño. Papel aluminio o plástico puede ser utilizado para simular agua en un lago o río. Construye árboles y flores, si lo deseas. Pinta las calles y el césped.
5. Cuando la estructura de la ciudad parezca estar ya completa, usa pedazos grandes de cartón y cinta adhesiva para hacer la muralla de la ciudad alrededor de ella.
6. Para diversión extra, puedes ponerle muñequitos o juguetitos, como parte de la gente y animales de tu ciudad.

# Pintura con doble color

Los jóvenes artistas explorarán el concepto de una pluma con punta redonda, al llenar dos frascos de desodorante con pintura de témpera para pintar después en papel.

## Materiales

2 frascos de desodorante de bolita, vacíos
Agua y jabón
Toallas de papel
Pinturas de témpera de dos colores, adelgazadas
Cinta adhesiva
Papel

## Proceso

1. Con la ayuda de un adulto, quita la tapa redonda de los frascos de desodorante.
2. Limpia bien los frascos con agua y jabón. Sécalos con una toalla de papel.
3. Pon un poco de pintura de témpera en un frasco.
4. Con la ayuda de un adulto, coloca de nuevo la tapa redonda del frasco.
5. Haz lo mismo con el otro color de pintura de témpera.
6. Coloca los frascos juntos en una mesa.
7. Ata los frascos juntos con ayuda de la cinta adhesiva (ve la ilustración).
8. Voltea de cabeza los frascos y pásalos por encima del papel para poder dibujar, escribe algo o crea una figura, al igual que la invención de la pluma o bolígrafo con punta redonda, ¡pero con doble diversión!

**HUNGRÍA**

## ¿Sabías que...?

La primera pluma o bolígrafo con punta redonda fue inventada en Hungría en 1935, por los hermanos Lazlo y Georg Biro. Era un tubo lleno de tinta con una pelotita pequeñita metálica en la punta. La tinta de un cartucho dentro de la pluma se adhiere a la pelotita en el momento en que ésta comienza a rodar por el papel, dejando tinta en su camino. El primer modelo tenía la punta más afilada, pero había un problema: ¡esa pluma sólo podía escribir líneas rectas!

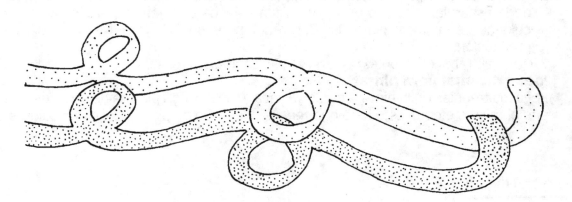

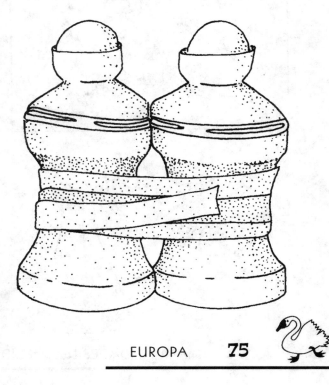

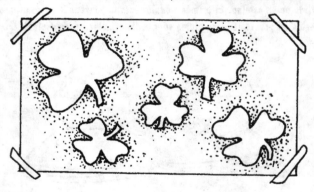

# Plantillas para pintar tréboles

**IRLANDA**

## ¿Sabías que...?

El trébol es una planta verde, que parece de que cada una de sus hojas se divide en tres partes. Se ha convertido en el símbolo de Irlanda, como la hoja de maple para Canadá. El trébol es un símbolo importante en el día de San Patricio, festividad tradicional irlandesa.

Los jóvenes artistas crearán una plantilla poco usual con el diseño de un trébol al cual se le aplicará un rocío de acuarela verde, el color simbólico de Irlanda.

## Materiales

Lápiz y papel grueso
Tijeras
Cinta adhesiva
Pliego grande de papel estraza
Acuarela líquida verde (o pintura de témpera verde, adelgazada) en botellas con atomizador (también se pueden utilizar otros colores)
Espátula, opcional

## Proceso

1. Dibuja un trébol en el papel grueso. Dibújalo lo suficientemente grande, de 15 cm de largo aproximadamente. Como una idea opcional, haz varios tréboles de diversos tamaños.
2. Corta el trébol (o los tréboles).
3. Haz un pequeño círculo de cinta adhesiva y pega el trébol (o los tréboles) en el pliego grande de papel estraza.
4. Pega el papel estraza en una pared o en un caballete.
5. Rocía el trébol y todo el papel alrededor de éste con el atomizador de pintura verde. Deja secar.
6. Para un efecto opcional, toma la espátula y raspa la pintura rociada con la punta de la espátula, logrando un nuevo diseño. Raspa también la plantilla, pero con cuidado de no tocar las orillas del trébol, pues podrían romperse. Trabaja con precaución.
7. Quita el trébol (o tréboles) y observa el diseño que creaste.

### Idea adicional para pintar

Pega los tréboles en la pintura verde ya seca. Rocíalos con pintura de otro color, repite el mismo efecto. Esto hará que tengas un diseño de plantillas de dos colores.

# Lentes originales

✂ collage | **2** preparación | ★ principiante

Los jóvenes artistas mostrarán su creatividad al decorar viejos armazones de lentes con plumas de colores, botones y pedrería de fantasía, para crear unos lentes tan originales como para un desfile de modas.

## Materiales

Viejos armazones de lentes
Jabón, agua caliente y toalla
Plastilina pegajosa
Materiales decorativos como:
  Plumas
  Botones
  Lentejuelas
  Diamantina
  Listón
  Pedrería de fantasía
  Cuentas
  Papel de colores
Pistola de silicón, opcional

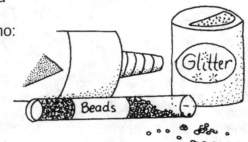

## Proceso

1. Encuentra un armazón de lentes viejo; si tiene aún los cristales, pídele a un adulto que se los quite.
2. Crea unos originales lentes usando los materiales decorativos como plumas, botones, lentejuelas y todo lo que se te pueda ocurrir. Pégalos a los lentes con la plastilina pegajosa. (La pistola de silicón sería muy útil en este caso, pero asegúrate de contar con la ayuda de un adulto).
3. Deja que los lentes y el pegamento sequen por completo.
4. ¡Usa tus lentes! ¡Haz un desfile de modas de puros lentes originales!

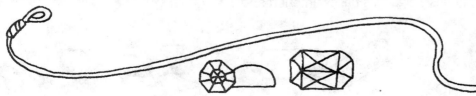

**ITALIA**

## ¿Sabías que...?

El emperador romano Nerón fue el primero en usar anteojos para ayudar a su vista. Descubrió que una piedra preciosa montada en un aro ¡podía ser una lente magnífica! Aunque al principio mucha gente se negaba a usarlos, después se dieron cuenta que era un objeto muy útil porque ¡podían ver mucho mejor! Posteriormente los anteojos se volvieron un artículo de alta moda dentro de los círculos sociales de Europa; los monóculos, anteojos para un solo ojo, fueron especialmente populares.

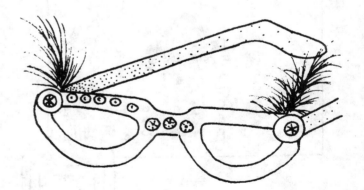

# Mosaicos de crayón planchado

**ITALIA**

## ¿Sabías que...?

El mosaico es una antigua forma de arte. Se construye al incrustar en cemento pequeñas piezas de vidrio, azulejo, rocas o piedras preciosas, para lograr un diseño figurativo o geométrico.

En Italia, estos coloridos diseños son llamados *tesserae* y normalmente están formados por piezas de mármol y vidrio, que formaban parte de pisos y paredes. Uno de los mosaicos más famosos fue desenterrado por los arqueólogos en las ruinas de Pompeya, antigua ciudad del imperio romano, cubierta con lava debido a una erupción volcánica.

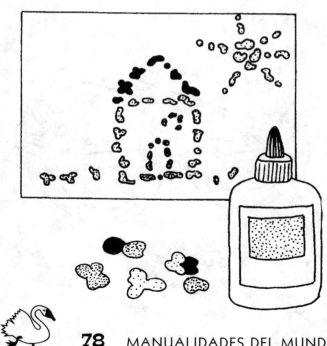

Los jóvenes artistas realizarán una versión sencilla de mosaico. Primero, crearán las piedras para sus mosaicos, con pedazos de crayón derretido, secado y partido en pedacitos; después, pegarán los pedacitos en una superficie.

## Materiales

Plancha vieja
Hojas de periódico
Papel encerado
Pedazos de crayón sin papel
Cartón mate y pegamento
Pintura de témpera y pinceles

## Proceso

1. Conecta la plancha para que se caliente a temperatura media. Coloca papel periódico en la superficie de trabajo junto a la plancha. Nota: se necesita la ayuda de un adulto para todos los pasos donde se utilice la plancha.
2. Extiende varias capas de papel encerado sobre el periódico. Deja caer al azar pedazos de crayones de varios colores en el papel encerado. Cubre el papel encerado con más capas de papel encerado. Cubre todo con hojas de periódico.
3. Plancha sobre los pedazos de crayón, derritiéndolos lentamente. Parecerán pedazos de mármol al mezclarse los colores. Déjalo enfriar hasta que se endurezca. (Puedes ponerlo en el refrigerador para que el proceso de enfriamiento sea más rápido).
4. Abre las hojas de papel encerado y quítale los pedazos de crayón. Rompe estos pedazos en pedazos más pequeños.
5. Pega estas piezas de crayón en el cartón mate en un diseño previamente pensado o al azar. Deja un poco de espacio entre las piezas si lo deseas. Déjalo secar totalmente.
6. Pinta con la pintura de témpera en los espacios entre los pedazos de crayón.

## Variaciones

✔ Haz el bosquejo de un diseño sencillo en el cartón y pega los pedazos de crayón para finalizar tu diseño.
✔ Derrite los pedazos de crayón por colores, no mezclados. Rómpelos en pedazos más pequeños y sigue los pasos anteriores.

| ! | | 2 | ⭐ |
|---|---|---|---|
| precaución | construcción | preparación | alguna experiencia |

El joven artista debe encontrar una buena pluma de ave y después cortarle la punta de manera que pueda escribir con ella. Lo único que necesita para completar el trabajo es un poco de tinta y una pieza de papel.

## Materiales

Pluma fuerte de ave
Tijeras
Tinta en un frasco
Papel

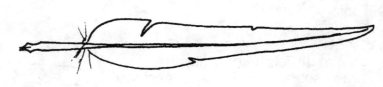

## Proceso

1. Quita con las tijeras la punta de la pluma en un ángulo ligero (ve la ilustración para los pasos del 1 al 3).
2. Separa la punta de la pluma hasta 13 mm y quita la parte exterior
3. Afila la parte restante de la pluma con tus tijeras para que quede en punta
4. Remoja la punta en la tinta. Remueve el sobrante de tinta en la punta en la orilla del frasco.
5. Dibuja para hacer marcas, presionando ligeramente la punta de la pluma sobre el papel mientras la mueves.
6. Vuelve a mojar la pluma con tinta las veces que sea necesario. Cuando pierda filo la punta, lávala y corta nuevamente la punta.
7. Dibuja o escribe con tu pluma como lo hacían hace mucho tiempo.
▲ Nota: Si no tienes tinta a la mano, puedes usar otro líquido de color como:
✔ Jugo fresco de zarzamora
✔ Colorante de comida en un plato extendido
✔ Jugo de uva oscura
✔ Acuarelas mezcladas con agua pero espesas, en un plato extendido
✔ Tinta espesa para tela en un plato extendido

Tinta

ITALIA

## ¿Sabías que...?

En Italia, durante la edad media, los negocios importantes se escribían con plumas naturales en una hoja de papiro. Esta combinación de materiales los llevó al desarrollo de la pluma o bolígrafo.
La pluma natural fue originalmente hecha de plumas fuertes de ganso, cuervo o cuervillo y así fue utilizada por siglos como el instrumento más común para la escritura.

1.

2.

3.

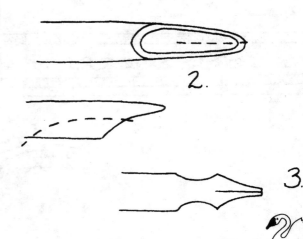

# Cuadros de fieltro de Laponia

**LAPONES DE NORUEGA, SUECIA, FINLANDIA Y RUSIA**

## ¿Sabías que...?

Los lapones son una tribu del extremo norte de cuatro países: Noruega, Suecia, Finlandia y Rusia. Algunos todavía son nómadas y pasan la mayor parte del año siguiendo a los rebaños de renos a través de las partes más frías de Europa y Rusia, cerca del círculo Ártico, en un área llamada Laponia. Los lapones usan ropa de color azul brillante, bordada con bandas de fieltro rojas y amarillas, que son fáciles de ver cuando están cruzando la blanca y deslumbrante nieve.

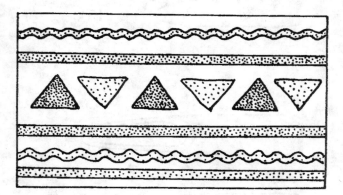

Los jóvenes artistas crearán un diseño en un cuadro de fieltro, en rojo y amarillo sobre un fondo azul, imitando los patrones de ropa usada por la gente de Laponia

## Materiales

Sobrantes de fieltro rojo brillante y amarillo
Lápiz
Regla
Tijeras
Cuadro de fieltro azul brillante
Tiras y sobrantes de costura, opcional
Pegamento blanco o pegamento para tela
Alfileres de costura, opcional

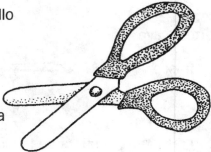

## Proceso

1. Dibuja y recorta triángulos de fieltro rojo y amarillo. Usa un lápiz y regla para dibujar las figuras. Si tienes suficientes sobrantes, recorta una banda roja y una amarilla.
2. Haz un patrón sobre el fieltro azul a tu gusto. Mueve las piezas hasta que quedes satisfecho; agrégale otras tiras de sobrantes de tela si quieres.
3. Cuando hayas terminado tu patrón, pega tus piezas de fieltro rojo y amarillo sobre tu fieltro azul y cóselas. Utiliza alfileres si lo deseas.
4. Déjalo secar toda la noche.
5. Exhibe tu fieltro en una pared o utilízalo para cubrir una mesa y disfrútalo.

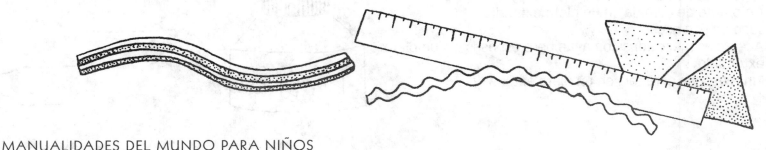

# Pintando el patinaje

dibujo | 1 preparación | ● principiante

Los jóvenes artistas pueden imaginarse que están esquiando en los canales congelados de Holanda, al tiempo que graban diseños de patinaje en hielo con crayón, para luego darles color con pintura azul hielo.

## Materiales

Papel blanco grueso
Crayones azul oscuro y en varios tonos
Herramienta para grabar como:
   Uña de la mano, clip, la punta de una cuchara o un bolígrafo sin punta
Pintura de témpera azul hielo en una taza (adelgazada con un poco de agua)
Pincel suave y ancho

## Proceso

1. Dibuja un círculo o la forma de un lago sobre el papel blanco grueso.
2. Colorea el charco con crayones de diferentes tonos de azul oscuro hasta que completes el lago.
3. Con la uña u otra herramienta para grabar, raspa diseños de patinaje en el lago Puedes ver en la ilustración algunos diseños típicos de patinaje. Pueden ser ochos, curvas, lazos y rizos. No olvides algunos círculos.
4. Para completar tu diseño de patinaje en hielo, mezcla un poco de agua con un poco de pintura de témpera azul hielo en una tasa, para que le des el último detalle.
5. Con tu pincel suave y ancho, dale una mano a todo tu trabajo por encima con el color azul hielo y déjalo secar. La pintura parecerá que es un lago congelado que antes estuvo ocupado por patinadores en hielo muy sofisticados.

### Otra idea congelante

Recorta el lago y pégalo en una hoja blanca de papel para que parezca nieve que rodea a un lago congelado. También puedes recortar unos pinos y pegarlos alrededor del lago para darle más vida. Puedes hacer que los árboles queden parados. Pega una figura de juguete de un patinador en el diseño, de los que venden para los pasteles de cumpleaños.

**HOLANDA**

## ¿Sabías que...?

Aunque se encontró evidencia de patinaje en hielo en las ruinas romanas de Londres, no fue sino hasta el año 1250 d. C. cuando se desarrollaron las hojas de hierro y se comenzaron a usar en Holanda. Los holandeses se convirtieron en los mejores fabricantes de patines y creadores de estilos de patinaje. En los años 1300 los patines fueron diseñados con hojas de madera y cubiertas con cera. Las hojas de acero aparecieron en 1400, haciendo los patines más ligeros y el patinaje más fácil.

# Decoración con conchas

**pincipiante** | **2 preparación** | **collage**

**HOLANDA**

## ¿Sabías que...?

Debido a su cercanía con el mar, los holandeses observaban y saludaban a los mercaderes y veleros de todo el mundo. En Holanda, los arquitectos tenían la oportunidad de aceptar órdenes por grandes cantidades y variedades de conchas, necesarias para decoración; continuamente hacían énfasis en los detalles usando diseños con conchas incrustadas, por ejemplo, la decoración de grutas con conchas fue la moda a mediados del siglo XVIII.

Los jóvenes artistas decorarán una pequeña caja para regalo con una selección de conchas especialmente recolectadas

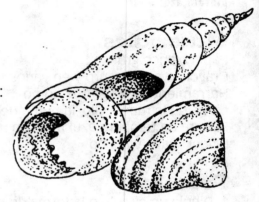

## Materiales

Conchas de mar (recolectadas o compradas)
Jabón y agua
Toallas de papel
Una caja pequeña que se pueda decorar, como:
    Una cajita para joyería
    Caja de puros
    Caja para regalo
    Caja de madera
Pegamento blanco
Pincel

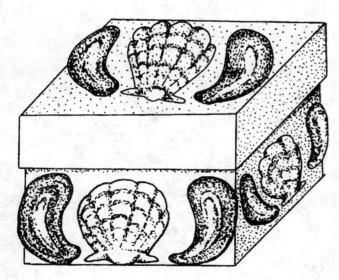

## Proceso

1. Limpia las conchas con agua y jabón; déjalas secar sobre las toallas de papel.
2. Escoge tus conchas de acuerdo con su color, forma o tamaño.
3. Aplica una gota o un poquito de pegamento en una sección de la caja.
4. Coloca una concha sobre el pegamento y mantenla ahí hasta que seque.
5. Escoge otra concha y sigue el mismo procedimiento.
6. Continúa pegando conchas en la caja hasta que esté completamente cubierta. Pon un poco de pegamento sobre las conchas para que brillen.
7. Deja secar tu caja toda la noche y úsala para exhibir tu colección de conchas.

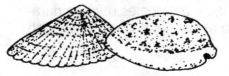

# Rosas en un cofre de cartón

Los jóvenes artistas explorarán el dibujo de rosas y pintarán un diseño sobre una caja de cartón blanco, que se puede usar como un pequeño baúl para guardar cosas.

## Materiales

Papel, lápices, crayones
Caja de cartón con tapa (del tipo donde viene el papel para fotocopias)
Pintura acrílica no tóxica y pinceles
Frasco con agua para enjuagar los pinceles y un trapo

## Proceso

1. Observa la ilustración de una rosa. Practica el diseño de una rosa como la de la ilustración o tal vez todo un nuevo diseño en una hoja de papel. Si quieres, coloréala con crayones.
2. Pinta este diseño de rosa (o cualquier otro) en la tapa de la caja de cartón. Pinta todas las rosas que quieras. Mantén tus brochas enjuagadas para que obtengas colores vivos y brillantes. Déjala secar.
3. Pon unos pedazos de cinta en la tapa, como si fueran bisagras, de manera que la tapa se pueda levantar y cerrar. Dibújale un cerrojo para que parezca más real.
4. Usa tu caja como cofre.
5. Algunas otras ideas con diseño de pinturas de rosas:

| | | | |
|---|---|---|---|
| Caja de regalo | Tabla de madera | Silla | Caja de madera |
| Papel | Cartón mate | Mesa | Caja de cartón |

**NORUEGA**

## ¿Sabías que..?

Una de las artesanías más conocidas de Noruega es la pintura de rosas. En los años de 1700 los pintores de rosas (rosemakers) iban de casa en casa pintando paredes, techos, muebles y arcones con sus diseños y técnicas individuales. Aunque por lo regular cada región tenía diseños únicos, los colores eran similares: azul brillante, rojo brillante, dorado y verde oscuro con detalles en blanco o negro.

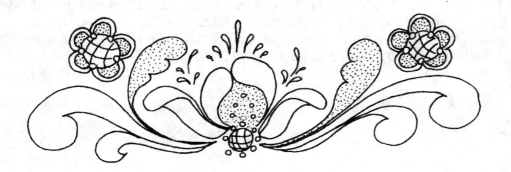

# Transparencia colgante para ventana

**POLONIA**

## ¿Sabías que...?

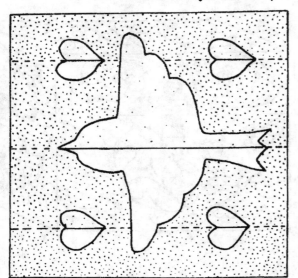

La gente de Polonia desarrolló una nueva artesanía encantadora, originada en la vieja tradición de hacer recortes en ropa y piel llamada Wycinanka Ludowa Polaca: el recorte de papel.

La gente pobre de Polonia usaba esta artesanía para decorar sus hogares al recortar papel lustre, usando esquilas de oveja. Esta artesanía folclórica progresó hasta convertirse en arte. Los diseños varían desde muy sencillos hasta muy complejos. Estos recortes de papel tienen que ser simétricos, de manera que cuando se doblan en dos el diseño es exactamente igual de un lado y del otro.

Los jóvenes artistas experimentarán con recortes de papel y avanzarán hacia una manualidad más compleja, para elaborar un hermoso colgante de transparencia.

**TRANSPARENCIA SIMPLE**

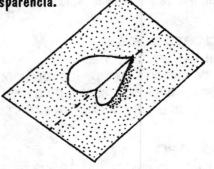

## Materiales

Hojas de papel lustre
Lápiz
Tijeras
Papel de china
Pegamento

## Proceso

1. Dobla tu hoja de papel lustre a la mitad.
2. Dibuja la mitad de una figura en el lado doblado de tu papel lustre. Dibujar la mitad de una figura simétrica te dará la figura completa cuando abras el papel.
3. Recorta a lo largo de las líneas de la figura dibujada. No cortes el doblez (las figuras pueden ser recortadas directamente sin ningún dibujo previo si así lo deseas). Desdobla la figura recortada. Dóblala hacia atrás para que se separe del papel.
4. Vuelve a doblar el papel en un lugar que no haya sido usado todavía. Recorta otra figura y dóblala hacia atrás para que se sostenga parada.
5. Sigue doblando y recortando figuras hasta que se te acabe el papel.
6. Para el toque final, pega pedazos de papel de china de colores en la parte posterior de tu papel cubriendo los recortes hechos. La luz pasará a través de este papel y hará que los colores sean más brillantes.
7. Cuelga esta sencilla transparencia en una ventana o cualquier otro lugar donde entre la luz para que los recortes se vean brillantes.

## ESCENA DEBAJO DEL MAR

## Materiales

Hojas de papel lustre
Lápiz
Tijeras
Pegamento
Papel de china o papel de colores

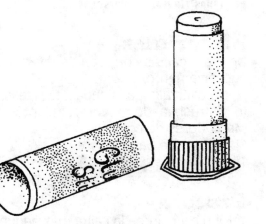

## Proceso

1. Piensa en una escena o pintura como:
   - ✔ Un pez debajo del mar
   - ✔ Un jardín lleno de flores abiertas
   - ✔ Una casa con árboles, el cielo y el Sol
   - ✔ Un cohete hacia el espacio
   La escena bajo el mar será usada para describir este proyecto, pero tú puedes escoger cualquier otra idea.
2. Dobla el papel y bosqueja la figura de medio pez sobre el papel. Recorta por las líneas y dobla el recorte. Recuerda que debe verse como un pez completo al desdoblar. Pega el pez doblado de manera que el hoyo recortado esté completamente abierto.
3. Dibuja y recorta todos peces que desees y pégalos de la misma manera.
4. Ahora agrega algunas algas marinas, dibuja la mitad de unas ramas onduladas de algas marinas recórtalas y dóblalas, como los peces, y pégalas.
5. Agrega cualquier otra cosa a tu escena debajo del mar que sea simétrica, ya sean burbujas o estrellas marinas, recortando y doblando de la misma manera que lo hiciste anteriormente y pégalas.
6. Pega tu escena completa en otro papel de colores o usa tu papel de china para que los colores se vean a través de los recortes.
7. Exhíbela en una pared o en la ventana.

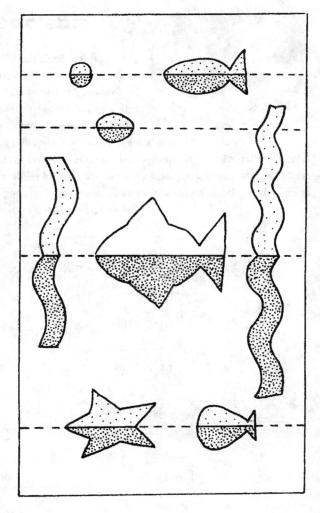

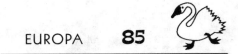

**RUSIA**

## ¿Sabías que...?

Un juguete tradicional ruso es el juego de muñecas Matryoshka, en donde una muñeca va dentro de la otra. Son pequeñas piezas de madera huecas en forma de pino de boliche y una es más grande que la siguiente. Matryoshka significa "abuela", y las muñecas se asemejan a la tradicional abuela rusa con la cabeza cubierta. Los juegos pueden ser desde cuatro hasta veinte muñecas en sucesión, en los colores tradicionales de rojo y azul brillantes, o más elaboradas con dorados y plateados.

Los jóvenes artistas harán un juego de cajitas decoradas para regalo, para que se vean como pequeñas figuras de personas.

## Materiales

De 4 a 8 cajitas con tapa de diferentes tamaños (que una quepa dentro de la otra, sucesivamente)

▲ Nota: En algunas tiendas de artesanías puedes conseguir muñequitas Matryoshka (o Matrushka) de madera, sin pintar, a un buen precio.

Marcadores de colores
Sobrantes de papel
Tijeras
Pegamento

## Proceso

1. Dibuja y colorea la cajita más pequeña para que parezca una muñeca Matryoshka.
2. Ahora copia tu diseño de muñeca Matryoshka en la segunda cajita.
3. Continúa de la misma manera con todas tus cajitas.
4. Ahora pega tus recortes de papel para decorar las muñecas en todas las cajitas. Por ejemplo puedes recortar mandiles y ponérselos a las muñecas, una mascada floreada o algo más que se te ocurra. Deja que seque el pegamento.
5. Ahora pon cada cajita dentro de la otra o colócalas en una línea para exhibirlas.

### Ideas para diseños temáticos

Diseña tus cajitas con ideas personales de algún tema que te guste, como pudiera ser:

✔ Cuentos de hadas: por ejemplo Caperucita Roja, puedes dibujar en una cajita a la abuelita, en otra al leñador, en otra al lobo y en otra a Caperucita.
✔ Una familia: puedes dibujar cada uno los miembros de la familia en cada cajita, desde papá hasta mamá, pasando por tu pececillo de colores.
✔ Un circo: escoge los animales que participan en un circo y dibuja cada uno a cada cajita, del más grande al más chico.
✔ Jardín: cada cajita puede ser decorada con una flor diferente.
✔ Animales: puedes dibujar la cadena alimenticia, desde él más grande y hambriento en la caja grande hasta el más pequeño e indefenso en la cajita más pequeña.

# Huevos con joyas

collage | preparación **2** | alguna experiencia

Los jóvenes artistas decoran un hermoso huevo enjoyado, tal vez comenzando una nueva tradición en casa o en la escuela.

## Materiales

Huevo crudo
Aguja de zurcir
Plato hondo
Toallas de papel
Tijeras
Pegamento
Decoraciones como:

| | | |
|---|---|---|
| Lentejuela | Pegamento de diamantina metálico | Joyas de fantasía |
| Cuentas viejas | Hilo metálico | Diamantina metálica |
| Arena de colores | *Rickrack* plateado y dorado | |

Un pedazo de barro para jugar

## Proceso

1. Sostén el huevo por el lado más grueso y haz una perforación en la parte superior con la aguja de zurcir.
2. Dale la vuelta al huevo y haz un hoyo en la parte opuesta al primero, moviendo la aguja para ampliar el hoyo y que quede más grande que el primero.
3. Sostén el huevo sobre el plato y sopla por el agujero más pequeño para que salga todo el contenido por el hoyo más grande. Agita el huevo para que se rompa la yema o pícala con la aguja y sopla nuevamente. Por supuesto, utiliza el contenido para hacerte un delicioso *omelet*, huevos revueltos o un pastel.
4. Enjuaga el huevo bajo la llave para que se lave por dentro y por fuera, sécalo con tus toallas de papel.
5. Cuando el huevo esté seco, pégale las joyas y las demás decoraciones en un bello diseño.
6. Exhíbelo sobre un pedazo de barro para que quede parado.

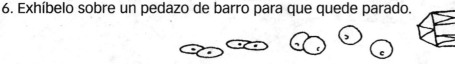

## RUSIA

### ¿Sabías que...?

El emperador Alejandro III de Rusia le pidió al joven joyero Peter Carl Fabergé, que le hiciera el primer huevo de pascua imperial. Cuando el huevo estuvo completo, el emperador se sorprendió por su belleza; lo había decorado con joyas y oro. Quedó tan satisfecho el emperador que le pidió que hiciera un huevo cada año, comenzando así la tradición de los huevos Fabergé, que son coleccionados por gente de todo el mundo.

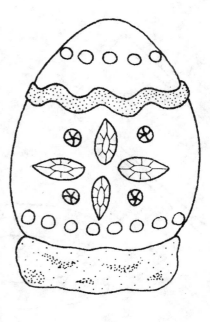

# Caleidoscopio sencillo

**ESCOCIA**

## ¿Sabías que...?

Sir David Brewster, un famoso científico escocés, inventó el caleidoscopio en 1813. Sir Brewster estaba fascinado con la ciencia desde su niñez, especialmente con la luz. Cuando creció se convirtió en científico y experimentó con la luz y los colores. Durante estos experimentos desarrolló el caleidoscopio, un tubo con espejos que crea diseños variados de seis lados.

Los jóvenes artistas construyen el interior de un caleidoscopio sencillo con plástico brillante y plateado.

## Materiales

Plástico brillante
Tijeras
Cinta de tela o de cualquier otro material

## Proceso

1. Corta el plástico en tres tiras de 2 x 6 pulgadas de largo (5 x 15 cm). Tal vez necesites ayuda de un adulto.
2. Pega las tiras junto con las orillas del plástico para hacer la forma de un tubo triangular.
3. Sostén el tubo junto a uno de tus ojos como telescopio y observa algún un objeto. ¿Cuántos objetos puedes observar? Prueba dándole vueltas al tubo y ve lo que pasa.

**Otras ideas para ver**

✔ Pega un cuadro de celofán de color en un marco de cartón y ve a través de él.
✔ Pega un cuadro de papel de china en un marco de cartón. Ahora pega otro cuadro de papel que haya sido cortado en forma original sobre el anterior. Coloca otro cuadro encima, como sándwich. Ve a través cuando seque.
✔ Pega tiras de formas de papel aluminio en un cuadro de cartón para póster negro. Refleja la luz solar o con el rayo de luz de una linterna a través del diseño y hacia la pared o un espejo.
✔ Camina hacia atrás viendo sobre tu hombro y a través de un espejo de mano.
✔ Escoge una pieza de arte – con palabras, pintada, dibujada o collage – y mira a través de tu tubo de caleidoscopio, sostenlo hacia un espejo y mira a través del visor con celofán.

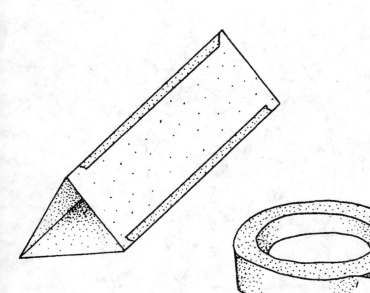

# Jardín portátil

Los jóvenes artistas pueden diseñar y plantar un jardín portátil en una botella de plástico grande, usando plantas cultivadas por ellos o recolectadas del exterior.

## Materiales

Botella grande de plástico transparente o de cristal, con boca ancha y tapa
Piedrecillas y pedazos de carbón de la tienda de mascotas
Abono de jardín, tierra y recipiente
Tres pequeñas plantas:
  Con raíz, traídas del exterior
  De semillas cultivadas anticipadamente en cartones de leche
  Compradas en una tienda de jardinería
Cuchara y tenedor
Botella aspersora con agua
Luz indirecta en una repisa o en la orilla de una ventana, sin que dé el Sol directamente

## Proceso

1. Pon una capa de piedrecillas en el fondo del recipiente.
2. Ahora coloca los pedazos de carbón sobre las piedrecillas.
3. Mezcla el abono y la tierra en otro recipiente. Agrega la mezcla al carbón y presiónala para hacer una capa pareja.
4. A continuación escarba tres pequeños hoyos lo suficientemente grandes para las raíces de cada planta.
5. Usa tu cuchara y tenedor para colocar las raíces de tus plantas en la tierra.
6. Coloca la mezcla de tierra para que cubra bien las raíces. Presiona y acomódalas. Rocía algo de agua sobre tus plantas con la botella aspersora.
7. Pon la tapa sobre tu jardín portátil y colócalo en un área con luz, pero sin Sol directo. Cerrar la tapa de tu jardín ayuda a que la humedad se condense dentro de tu jardín y se mantenga húmedo como en un invernadero.
8. Riégalo una vez a la semana mientras tus plantas se aclimatan. Después, riégalo cada vez que sea necesario. Puedes cambiar tus plantas de lugar dentro de la casa y ver en donde se sienten mejor.

### ESCOCIA

## ¿Sabías que...?

En 1825 Alan Maconochie, un famoso botánico escocés, diseñó un pequeño invernadero para interior de la casa, el cual colocaba en una ventana y continuamente lo proveía con abundantes plantas para que todos lo vieran. Estos pequeños jardines podían ser cambiados fácilmente y disfrutados en diferentes lugares. La idea fue fácilmente aceptada y ahora los llamamos terrarios.

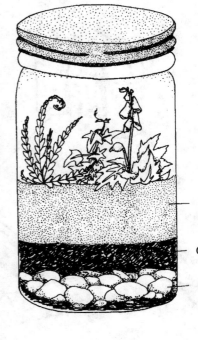

Mezcla de abono y tierra

Carbón

Piedras

# Sellos y esculturas con corcho

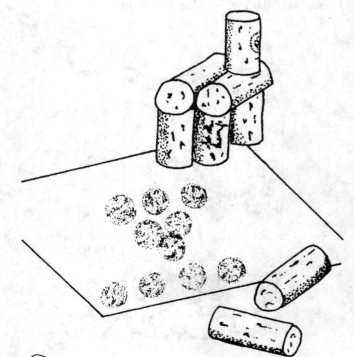

**principiante** · **2** preparación · **impresión**

**ESPAÑA**

## ¿Sabías que...?

El corcho es un material esponjoso que está hecho de la corteza del árbol del corcho encontrado en España, país que tiene la más abundante cantidad de estos árboles. El árbol debe de tener por lo menos 20 años para obtener el corcho.

Los jóvenes artistas pueden llevar a la práctica múltiples ideas usando corcho, incluyendo sellos y esculturas, ambos lo suficientemente fáciles de realizar.

## Materiales

Para sellos
Corchos de botellas de diferentes tamaños
Pintura de témpera en un plato extendido
Papel

### Para esculturas

Corcho de botellas en diferentes tamaños
Cartón mate
Pegamento blanco (o pistola de silicón)
Materiales varios para agregar a la escultura

## Proceso

**Sellos**

1. Remoja cualquiera de los lados del corcho en la pintura de témpera.
2. Presiona tu corcho sobre el papel varias veces para dejar impresiones.
3. Cuando las impresiones no estén claras, vuelve a remojar el corcho en la pintura y sigue imprimiendo hasta que quedes satisfecho.
4. Haz todas las impresiones que quieras, considera usar más de un color y diferentes tamaños de corchos.

▲ Nota: Los corchos pueden ser recortados en diferentes formas, con la ayuda de un adulto, como si lo hicieras con papas para impresiones con papas.

**Esculturas**

1. Recolecta y guarda todo tipo de corchos.
2. Coloca un cuadro de cartón mate sobre la mesa.
3. Pega un corcho en el cartón; ahora pega otro corcho en el cartón o los corchos que ya hayas pegado antes. Agrégale diversos artículos para darle variedad.
4. Cuando hayas quedado satisfecho con tu escultura, déjala secar.

▲Nota: El pegamento blanco seca lentamente, así que puedes usar cinta para sostener los corchos mientras secan. Usar la pistola de silicón evita esperar a que seque, pero requiere la ayuda de un adulto.

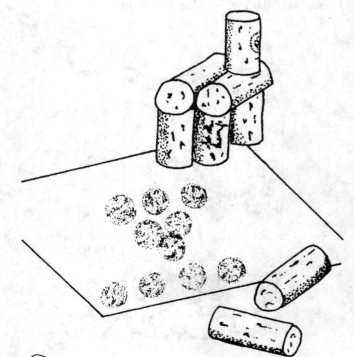

# Collar de salsa rosa

Los jóvenes artistas elaborarán un aromático collar de cuentas español, con pétalos de rosa y canela.

## Materiales

Aguja para tejido e hilo grueso
Pétalos de rosa frescos
Taza para medir, 4 tazas (1 litro)
Sartén con tapa
Agua para cubrir los pétalos en la sartén
Horno precalentado a 275 ºF (140 ºC)

Colador
Canela
Cuchara
Charola para hornear
Estufa

## Proceso

1. Con la ayuda de un adulto, ensarta un pedazo de hilo grueso en tu aguja de tejido. Haz un nudo al final del hilo. El hilo debe ser un poco mayor que el diámetro de la cabeza del artista. Ponlo a un lado.
2. Quítale los pétalos a las rosas recién cortadas. Mide 4 tazas de pétalos.
3. Pon los pétalos en la sartén y cúbrelos con un poco de agua. Con la ayuda de un adulto, pon a hervir los pétalos. Cubre la sartén. Hierve hasta que queden suaves como pasta (unos cuantos minutos).
4. Coloca el colador sobre una taza para medir grande; vierte los pétalos y el agua sobre el colador para que caiga el agua en la taza. Tira el agua.
5. Ahora pon los pétalos en la taza. Espolvoréale ¼ de taza (50 g), aproximadamente, de canela a los pétalos. Mezcla los pétalos y la canela con tu cuchara; cuando estén bien mezclados, termina la mezcla con tus manos para que se convierta en una masa.
▲ Nota: La masa debe estar húmeda para que no se desbarate; de ser así, añade un poco de agua; si es lo contrario, añade un poco más de canela o un poco de harina.
6. Separa un poco de la masa y haz una bolita. Pica la bolita con tu aguja de tejido y pasa la primera cuenta a través del hilo hasta el nudo. Haz otro nudo antes de agregar más cuentas. Sigue haciendo bolitas y las vas pasando por el hilo. Continúa hasta que el hilo esté lleno de bolitas con un nudo entre ellas.
7. Coloca el hilo con las cuentas en tu charola para hornear. Con la ayuda de un adulto hornea por 15 minutos, aproximadamente, a 275 ºF (140 ºC) hasta que endurezcan las cuentas. Sácalas del horno y déjalas enfriar.
8. Ata los extremos del collar y pásalo por tu cabeza. Ahora disfruta del delicioso aroma de esta fragancia española.

**ESPAÑA**

## ¿Sabías qué...?

España es un país de mucho colorido, con corridas de toros, un sol esplendoroso y ropa tradicional resplandeciente. El traje típico español para damas consiste en un vestido con holanes, una mantilla sobre la cabeza y un colorido collar de cuentas.

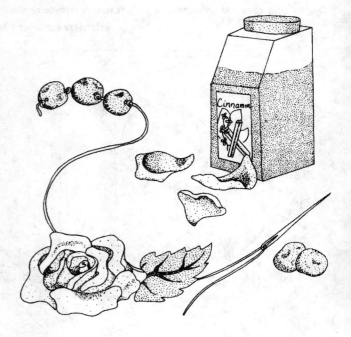

# Azulejos pintados a mano

**ESPAÑA Y PORTUGAL**

## ¿Sabías que...?

En España y Portugal es una tradición decorar las casas con azulejos pintados a mano, con diseños brillantes. Esta decoración de interiores incluye azulejos para pisos, paredes y marcos de puertas y ventanas, así como mesas, bardas, cocinas y baños. Los azulejos normalmente muestran una influencia árabe o morisca, con figuras geométricas como triángulos cuadros o diamantes. A menudo se muestra la naturaleza con viñas y hojas.

Los jóvenes artistas pintarán a mano un azulejo y lo hornearán para que tenga una belleza duradera.

## Materiales

Azulejo cuadrado, blanco cristal de 15 x 15 cm o cualquier tamaño que desees.
▲ Nota: Hay unos azulejos en tiendas especializadas, listos para pintarse; los encuentras también en tiendas de artesanías.
Plato de cartón
Pintura para barro, no tóxica
Pinceles, uno para cada color
Secador de cabello
Horno para cerámica
▲ Nota: Pídele a tu escuela que te permita usar su horno para llevar a cabo tu trabajo.

## Proceso

1. Compra azulejos en su primera etapa, sin hornear y listos para barnizar con pintura no tóxica para barro.
2. Usa un plato desechable como paleta. Coloca pequeñas porciones de pintura en el plato de papel.
3. Pinta y cubre todo el azulejo con un color de pintura. Usa blanco o claro si deseas un azulejo blanco. Cada capa de pintura deberá secar antes de aplicar otra. Sécalo con un secador de cabello cada vez que apliques una capa. También lo puedes dejar secar al aire libre.
4. Remoja un pincel en tu color deseado y pinta un diseño sobre el azulejo. Sécalo.
5. Añade más diseños y colores y sécalo nuevamente.
6. Un adulto deberá hornear tus azulejos ya terminados en el horno para cerámica, a fin de obtener un acabado brillante y permanente.

**Dónde usar los azulejos pintados a mano**

Simplemente úsalos como decoración. Pega pequeños pedazos de corcho o fieltro en la parte posterior del azulejo, para que no maltrates las mesas o el lugar donde lo vayas a colocar. Puedes usar varios azulejos pegados con cemento o pegamento, para cubrir una mesa, adornar algún pasillo o cualquier idea decorativa que se te ocurra.

# Ornamentos de paja

construcción   preparación **2**   alguna experiencia

Los jóvenes artistas pueden amontonar, tejer, doblar y construir ornamentos o diseñar sus propios y originales adornos con simple paja, todos con cuerda roja, tal y como lo hacen los niños en Suecia.

## Materiales

Área de trabajo cubierta
Paja amarilla
Olla de agua
Tijeras
Cuerda roja

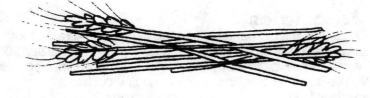

## Proceso

### Ornamentos con un montón de paja

1. Remoja la paja en agua hasta que se pueda doblar.
2. Esparce tus pajas en el área de trabajo.
3. Junta un montoncito de pajas y recórtalas iguales de ambos lados. Dóblalas haciendo una curva como en el dibujo. Amárralas en esta posición con tu cuerda roja. Haz lo mismo con un segundo paquete. Haz cuatro iguales.
4. Ahora organiza tus montones para que se toquen como en la ilustración.
5. Ata los cuatro montoncitos con cuerda roja. Haz un nudo en la cuerda roja y átalo a tu decoración para poderlo colgar en una ventana, puerta, pasillo, o como adorno navideño.

### Adornos con una sola pajilla

1. Explora diseños y formas hechos con una sola paja. Teje, dobla o une tus pajillas sencillas de muchas maneras, haciendo diferentes formas que funcionen como adorno. Ve las ilustraciones para darte ideas o realiza las tuyas propias. Tómate tu tiempo y experimenta para que veas cómo funciona.
2. Cuando veas que un adorno va tomando forma, átalo con tu cuerda roja para mantener las pajillas unidas.
3. Siempre que hayas terminado un ornamento, agrégale un lazo rojo para poderlo colgar en el lugar que más te agrade.

**SUECIA**

## ¿Sabías que...?

La Navidad es una celebración especial en Suecia. Los adornos de paja son muy importantes para la decoración navideña sueca. La forma de estrella es la más popular. Se recolecta paja y se ata en diferentes diseños con cuerda roja.

# Galletas de almendra

**SUECIA**

## ¿Sabías que?

Los suecos son famosos por sus recetas de repostería con mantequilla. Estas deliciosas tartas son moldeadas a mano, primero como bolas y luego dándole una infinidad de formas.

En los moldes sandbakelser se preparan galletas excepcionales, deliciosas al comer, divertidas al moldear y fáciles de hacer.

Los jóvenes artistas pueden hornean "tartas suecas", con moldes o formas libres hechas a mano. Esta receta con mantequilla es para dos docenas de galletas de 2.5 cm) por cada bola de masa. Dobla las cantidades para obtener el doble de deliciosos resultados.

## Materiales

½ taza (125 ml) de mantequilla o margarina
½ taza (100 g) de azúcar
1 yema de huevo
¼ taza (1 ml) de extracto de almendra
1 ⅓ tazas (200 g) de harina
Jalea o conserva favoritos, opcional
Recipiente para mezclar, taza para medir y cucharas
Mezclador eléctrico, cuchara de madera, espátula
Moldes para galletas (sandbakelser), opcional, se puede comprar en tiendas para repostería o cocina
Charola para galletas sin engrasar
Horno precalentado a 375 ºF (190 ºC)
Palillo, opcional
Vaso para beber
Cuchara para hacer diseños, opcional

## Proceso

Compra los moldes sandbakelser o forma las galletas con tus manos. Ambos métodos son divertidos y efectivos. Primero haz la masa en tu recipiente para mezcla. Bate la mantequilla y el azúcar hasta que esté suave y moldeable. Agrega la yema de huevo y el extracto de almendra y bate bien nuevamente. Agrega la harina y bate hasta que se mezcle. A continuación escoge tu método de moldeo, ya sea con los moldes o a mano.

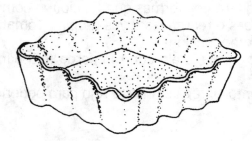

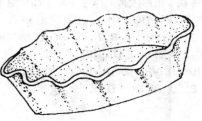

## Moldes Sandbakelser

1. Presiona la masa en forma pareja sobre el fondo y los lados del molde. Coloca el molde sobre la charola para galletas. Repite la operación con los demás moldes, colocándolos en la charola para galletas.
2. Hornea por 8-10 minutos a 375 ºF (190 ºC) hasta que las orillas estén ligeramente de color café.
3. Déjalas enfriar en los moldes. Ahora quítalas de los moldes, te puedes ayudar con un palillo; si es necesario, da unos golpecitos en los moldes para que se despeguen.
4. Cómetelas como están o añádeles un poco de jalea o de tu conserva favorita.

## Moldeado a mano

1. Primera idea. Forma pelotas de masa de 1 pulgada (3 cm), colócalas sobre la charola para galletas y aplánalas con el fondo de un vaso cubierto con azúcar. Agrega diseños adicionales con una cuchara o con el palillo. Hornéalas y disfrútalas siguiendo los pasos mencionados. (Déjalas enfriar antes de quitarlas de la charola para galletas.)
2. Segunda idea. Forma pelotas de masa de 1 pulgada (3 cm). Presiona las bolas para darle la forma que más te agrade, planas o como tacitas. Recuerda que las formas variarán un poco al hornear debido al contenido de mantequilla. Hornea y disfruta estas maravillosas galletas suecas sandbakelsers.

# Huevos teñidos con espinaca

**SUIZA**

## ¿Sabías que...?

En Suiza cada año, al aproximarse la Pascua, los niños llevan huevos al centro de un pueblo suizo. Ahí compiten para ver quién es el dueño del huevo más duro y fuerte y que es capaz de dañar los demás huevos sin que el suyo se dañe. Los niños usualmente decoran estos huevos con materiales naturales, como pequeñas hojas y hierbas, cebolla y otras plantas frescas.

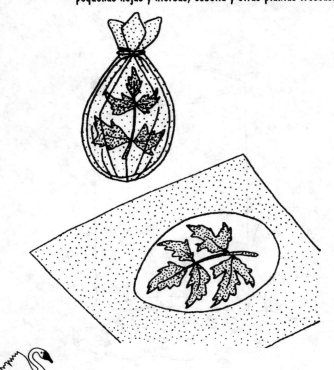

Los jóvenes artistas decorarán huevos usando hojas de espinaca fresca para teñir la cáscara del huevo y pequeñas hojas para formar plantillas.

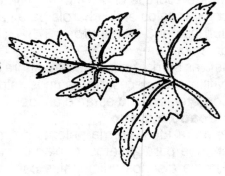

## Materiales

Tijeras
Media de nylon vieja cortada en seis cuadros
6 huevos blancos crudos
Pequeñas hierbas y hojas
6 ligas
450 gramos de espinaca fresca
Sartén con agua y plato
Cuchara con hoyos y coladera

## Proceso

1. Corta la media en seis cuadros de 6 pulgadas (15 cm), un cuadro para cada huevo.
2. Remoja algunas de las hojas y hierbas y pégalas en un huevo con el diseño que tú quieras. Haz lo mismo con los demás huevos.
3. Después de que hayas decorado los huevos con las hojas, colócalos en cada uno de los pedazos de media. Jala la orilla de la media alrededor del huevo y átala con una liga para que las hojas queden pegadas al huevo contra la cáscara.
4. Pon la espinaca en la sartén a dos tercios de agua. Con la ayuda de un adulto enciende el fuego y espera a que hierva el agua. Baja el calor al mínimo.
5. Coloca los huevos en la sartén con agua caliente y déjalos por 20 minutos.
6. Saca los huevos del agua de espinaca con una cuchara con hoyos y colócalos en la coladera. Echa agua fría sobre los huevos hasta que enfríen. Continúa con los huevos en agua mientras quitas las hojas y la cubierta. Los huevos deberán de tener un color verde pálido, con las marcas dejadas por las hojas en la cáscara, en un tono blanco y tenue.

▲Nota: Para decorar más de 6 huevos, simplemente aumenta el tamaño de la sartén y los demás materiales. Los huevos pueden ser teñidos en grupos de seis con la misma agua de espinaca una y otra vez.

# Norteamérica

**N**orteamérica es un crisol donde se funden grandes y ricas culturas, lo cual se muestra a través de la variedad del arte, invenciones, manualidades y celebraciones alrededor del continente. Cada área de Norteamérica está llena de maravillosos descubrimientos y sorpresas para que los niños vivan una experiencia a través del arte. Por ejemplo, los jóvenes artistas explorarán Canadá y su tallado de Inuit; el Caribe con figuras hechas con tapas de latas; conocerán México y sus caritas de barro, así como Estados Unidos con las varitas históricas y la magia del cine en un bote. Más de 20 actividades artísticas se presentan para ayudar a los jóvenes artistas a explorar el vasto y diverso contenido del arte multicultural de Norteamérica.

## Bibliografía seleccionada

### Estados Unidos

*Campo y ciudad,* de Alice y Martín Provensen (Harcourt Brace, 1994)
*Cuando era joven en las montañas,* de Cynthia Rylant (1982)
*Dakota Dugout* de Ann Turner (Simon & Schuster, 1985)
*El abrigo viejo,* de Lauren Mills (Little Brown, 1991)
*El buen libro de cuentos y canciones folklóricas americanas,* de Ann Durrell (Dutton, 1989)
*El libro de dentro y fuera de Nueva York,* de Roxie Munro (Puffin, 1994)

*Hey, Al,* de Arthur Yorinks (Farrar, Straus & Giroux, 1986)
*Lewis y papá,* de Barbara Joose (Chonicle Books, 1997)
*Quién pertenece aquí? Una historia americana,* de Margy Burns Knight (Tibury House, 1993)
*Vaqueros del salvaje oeste,* de Russell Freedman (Houghton Mifflin, 1985)
*Voy a la casa de la abuela con mi familia,* de Riki Levinson ( Dutton, 1986)

### México

*Borreguita y el coyote,* de Verna Aardema (Knopf,1991)
*Carlos enciende el farolito,* de Jean Clavonne (Clarion, 1995)
*El pequeño pintor de Sabana Grande,* de Patricia Markun (Simon & Schuster, 1993)
*Historias del abuelo de México,* de Donna Roland (Open my World, 1986)
*Josefina,* de Jeannette Winter (Harcourt Brace, 1996)
*Música, Música para todos,* de Vera Williams (Greenwillow, 1984)
*Pedro y el padre: Un cuento de Jalisco,* de Verna Aaderma (Dial, 1991)
*Yendo a casa,* de Eve Bunting (Harper Collins, 1996)

### Nativos de Norteamérica

*Atrapa sueños,* de Audrey Osofsky (Orchard Books, 1992)
*Ave Roja,* de Barbara Mitchell (Lothrop, 1996)
*Bailando con los indios,* de Angela S Medearis (Holiday House, 1993)
*Bravo como un león de montaña,* de Ann Herbert Scott (Clarion, 1996)

*Cuervo: un cuento del pacífico del noroeste,* de Gerald McDermott (Harcourt Brace, 1993)
*Dando las gracias: Un mensaje de buenos días de la nativa América,* de Chief Jake Swamp (Lee & Low, 1995)
*En la casa de mi madre,* de Ann Nolan Clark (Viking, 1991)
*Entre el cielo y la tierra,* de Joseph Bruchac (Harcourt Brace, 1996)
*La leyenda del indio Brocha para Pintar,* de Tomie De Paola (Putnam, 1988)
*La leyenda del sombrero azul: Un viejo cuento de Texas,* de Tomie De Paola (Putnam, 1983)
*La niña que amaba los caballos salvajes,* de Paul Goble (Simon Schuster, 1982)
*Víbora de cascabel bebé,* de Te Ata (Children's Press)

### Inuit

*¿Mamá me amas?,* de Barbara M. José (Chonicle, 1991)
*La última primera vez,* de Jan Andrews (Simon & Schuster, 1986)
*Tikta'Liktak: una leyenda esquimal,* de James Houston (Harcourt Brace, 1990)

### Caribe

*Baby-O,* de Nancy White Carlson (Little Brown, 1994)
*Bebé isleña,* de Holly Séller (Greenwillow, 1992)
*La princesa de la nuez,* de Ricardo Keens Douglas (Firefly, 1992)
*Lonas Caribeñas,* de Fran Lessac (Lippicott, 1987)

# Manos alrededor de América
# Muñecos de papel

construcción | 1 preparación | principiante ●

Los jóvenes artistas doblarán y cortarán papel, para hacer muñecos que representarán a la gente y a las culturas de Norteamérica.

## Materiales
Papel delgado (periódico o papel revolución funcionan bien)
Lápices
Tijeras
Plumones de colores
Crayones (de varios colores)
Mapa de Norteamérica, opcional

## Proceso
1. Dobla el papel en forma de acordeón, comenzando desde la orilla y doblándolo cada 5 cm hasta el centro del papel. Voltea el papel y dobla este lado de nuevo, siempre hacia el centro. Continúa este procedimiento hasta que todo el papel haya sido doblado, hacia delante y hacia atrás, hacia delante y hacia atrás; si el final del papel no tiene el espacio suficiente para doblarse una vez más, simplemente córtalo.
2. Mantén todos los dobleces juntos y déjalos en la superficie de trabajo.
3. Dibuja a una persona por la mitad en el área del papel. Importante: Dibuja los brazos y piernas de manera que toquen la orilla. Si no haces esto, los dibujos no quedarán juntos. Practicar primero en otro pedazo de papel o periódico ayudará en el proyecto.
4. Sostén las hojas juntas y corta todas las secciones dobladas del papel, dejando sin recortar las áreas donde los brazos y piernas se juntan.
5. Desdobla el papel y mira el contorno de las figuras (si no están juntas, estudia el área donde está el error y repite el proceso).
6. Colorea las características y ropa de la gente, tratando de hacer a cada persona con diferente vestimenta y color de piel.
7. Haz más muñecos de papel y pega estos nuevos a los otros para hacer una cadena larga de gente. Agrega todos los que desees. Como una idea opcional, puedes poner los muñecos en el mapa de Norteamérica, de un lado hasta el otro.

**TODOS LOS PAÍSES**

## ¿Sabías que...?

Norteamérica representa a "el crisol del mundo", un lugar donde la gente de todo el mundo puede vivir junta, unida, trabajando, jugando y, a veces, construyendo nuevas familias cuyas culturas vienen a formar otra.

5 cm

principiante | preparación | impresión

# Sellos de hoja de maple

**CANADÁ**

## ¿Sabías que...?

La bandera de Canadá es de color blanco, con una gran hoja roja de maple en el centro. El diseño de la hoja proviene del azúcar de maple, encontrada en el sudeste de Canadá. La hoja usualmente mide entre 8 y 15 cm y está dividida en cinco partes, separadas por mellas curveadas. Canadá utiliza el diseño de la hoja roja de maple en los símbolos de carreteras, en sitios turísticos y en cualquier otro lado donde quieran decir: ¡Esto es Canadá!

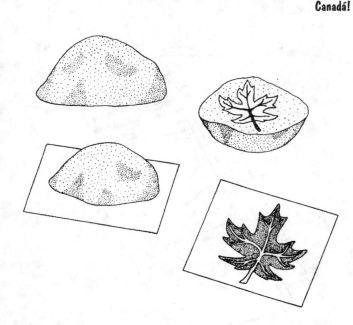

Los jóvenes artistas explorarán el diseño de la hoja de maple, al hacer sellos o impresiones con molde de barro.

## Materiales

Barro, arcilla o cualquier tipo de material moldeable
Hojas frescas de maple, bastante texturizadas y con venas (otro tipo de hojas también funcionan)
Lápiz
Pinturas de témpera, rojo canadiense (otros colores también son divertidos)
Papel aluminio
Pincel
Papel

## Proceso

1. Toma una buena cantidad de barro y amásala hasta que esté suave.
2. Dale la forma de una bola.
3. Aplana uno de los lados en la superficie de trabajo.
4. Presiona una hoja dentro del lado aplanado de la arcilla. Presiona las venas y las orillas hasta que logres cierta profundidad y que se note la forma de la hoja.
5. Quita la hoja de la arcilla. Mira el molde que quedó. Si lo deseas, usa el lápiz para resaltar o agregar más detalles al molde.
6. Vierte la pintura de témpera en el papel aluminio.
7. Usando un pincel, aplica ligeros toques a la impresión en barro, o presiona ligeramente el barro dentro del papel aluminio con pintura.
8. Luego presiona el molde de barro con pintura en el papel. Hazlo varias veces antes de agregar más pintura. Usualmente la segunda o tercera impresión es la mejor; la primera es la de práctica.
9. Haz todas las impresiones que desees. Puedes cambiar y utilizar otros colores en el papel aluminio.

# Maracas de una isla

Los jóvenes artistas elaborarán maracas de verdad, que funcionan y son divertidas, con focos fundidos y papel maché.

## Materiales:

Focos fundidos (dos por niño)
Varas o palitos entre 10 y 15 cm de largo
Cinta adhesiva
Harina, agua y recipiente
Papel periódico
Jarras o latas, dos para cada niño
Pinturas acrílicas, no tóxicas
Pinceles
Música caribeña en casete o CD, opcional

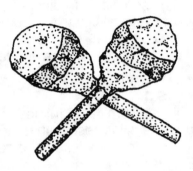

## Proceso

1. Pega con cinta cada foco fundido a cada palo o vara, apriétalo y asegúralo.
2. Sigue las instrucciones para hacer engrudo. Mezcla la harina y el agua en el recipiente hasta que tenga la consistencia de una sopa espesa.
3. Rompe el papel periódico en muchos pedacitos (entre 3 y 5 cm) y mójalos en el engrudo. Comienza a forrar los focos con el papel periódico ya mojado. Pon varias capas, hasta que el foco esté totalmente cubierto. Cubre también el área donde se une el foco con el palito. Haz lo mismo con los dos focos. Por lo menos ponle dos capas o tres; cuatro sería grandioso.
4. Deja secar, una noche si es necesario, los focos cubiertos.
5. Cuando estén ya secos, golpea ligeramente contra la pared o contra una banqueta para romper el vidrio del foco. Ten cuidado de no romper la cubierta de papel maché. El vidrio ya roto hará que tus maracas suenen.
6. Coloca las maracas dentro de una lata para el proceso de pintura. Pinta tus maracas con brillantes diseños utilizando la pintura acrílica. Déjalas secar varias horas o incluso durante toda una noche.
7. Agita las maracas de un lado hacia el otro hasta lograr un gran ritmo con sonido de percusiones, ¡estarás haciendo música! Si tienes música caribeña, suena tus maracas al escucharla.

**CARIBE**

## ¿Sabías que...?

Las islas del Caribe son una mezcla rica de culturas, que van desde la cultura india, española, americana, francesa, británica y hasta africana. En las islas, la música juega un papel muy importante en la vida diaria, en celebraciones y ceremonias religiosas. Los indígenas de tiempos precolombinos legaron un instrumento llamado maraca. Las maracas son aún utilizadas en nuestros tiempos.

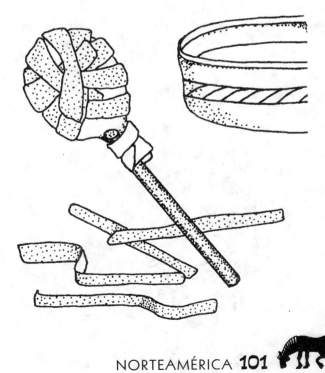

# Collar de semillas y frijoles

**NACIÓN CAYUGA, CONFEDERACIÓN IROQUESA, ESTADOS UNIDOS Y CANADÁ**

## ¿Sabías que...?

La nación cayuga es una tribu dentro de la Confederación Iroquesa. Los cayugas viven en la región de los bosques orientales de Norteamérica. El territorio iroqués es una sección unida a Canadá por la parte norte, a Pensilvania en el sur y a Ohio en el oeste, limitando con el océano Atlántico en el este. Hoy en día, ninguno de los 450 miembros de la tribu vive en esta área, sino que están dispersos por todo el territorio norteamericano. Los iroqueses cayugas son muy conocidos por su hermoso y tradicional trabajo con cuentas, una muy respetada forma artística.

El joven artista creará collares con cuentas sencillas, parecidas a aquellas elaboradas por los iroqueses y cayugas.

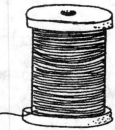

## Materiales

Variedad de semillas y frijoles
Semillas de vegetales y frutas como maíz, melón, etcétera
Recipiente con agua
Aguja grande de coser y carrete de hilo grueso y resistente

## Proceso

1. Remoja las semillas y frijoles en el recipiente con agua para que se ablanden. Algunas semillas necesitan remojarse toda la noche. Mientras que las semillas se ablandan, piensa en el diseño del collar o brazalete y qué tamaño debe medir.
2. Cuando las semillas se hayan ablandado, sácalas del agua y hazles un hoyo en el centro con la ayuda de la aguja. Un dedal puede ser muy útil para poder empujar la aguja a través de la semilla.
3. Después deja secar las semillas toda la noche o hasta que ya no haya humedad.
4. Enhebra la aguja en un pedazo de hilo grueso para el collar o brazalete. Deja un tramo de hilo suficiente para amarrarlo de los dos lados después de haber ensartado las cuentas (puedes obtener un hilo más resistente si haces el hilo doble).
5. Ensarta las semillas y frijoles secos en el hilo, del modo en que habías pensado el diseño.
6. Cuando el hilo ya esté lleno, saca la aguja del hilo y amarra las dos puntas del hilo. El collar o brazalete está listo para ser usado o para regalarse.

# Dientes de ballena

!  precaución
✏️ dibujo
2  preparación
⊛  alguna experiencia

En vez de usar dientes reales de ballenas, el joven artista explorará la técnica del esculpido en marfil, por medio de una botella de detergente de plástico blanco.

## Materiales

Botella de detergente de plástico color blanco
Tijeras
Clavo filoso
Carbón o marcadores
Perforadora
Tela suave
Cordón o cuerda

## Proceso

1. Lava la botella de plástico hasta que esté totalmente limpia y sin residuos. ¡Esto puede tomar más tiempo de lo que crees! Sécala.
2. Con las tijeras, quita la tapa y la parte inferior de la botella. Es posible que necesites secarla de nuevo, especialmente por dentro. Puedes necesitar la ayuda de un adulto.
3. Ahora corta un pedazo de la botella blanca para usarlo como "diente de ballena" o marfil.
4. Asegura el plástico firmemente a la superficie de trabajo. Graba un diseño raspando en el pedazo de plástico con la ayuda del clavo.
5. A continuación, frota el carbón o el marcador sobre las líneas, para rellenar lo raspado. Quita el exceso con un pedazo de tela o con los dedos. Regresa al paso anterior y raspa de nuevo y frótalo con los colores que desees.
6. Agujera la parte superior de tu diseño con ayuda de la perforadora. Inserta un pedazo de cuerda para hacer un pendiente o dije de un collar, o simplemente un aro para colgarlo.
7. Usa o cuelga tu pieza artística. Haz más con el resto de la botella.

**GROENLANDIA**

## ¿Sabías que...?

Más del 85 por ciento de Groenlandia está cubierto de una gruesa capa de hielo todo el año. Es la isla más grande del mundo y cubre la mayor parte del norte del círculo polar ártico. La pesca es la industria más grande y, en el pasado, la caza de ballenas tenía gran importancia. Los cazadores crearon el arte de la impresión en dientes de ballenas, marfil y huesos. Posteriormente le untaban tinta, produciendo una pintura. A través de este arte, los cazadores de ballenas llevaron un registro de observaciones e historias que querían transmitir y recordar.

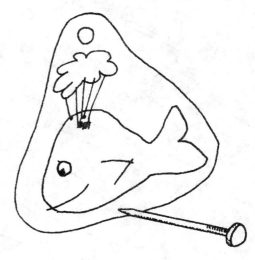

# Sellos con cámara de llanta

**HAITÍ, CARIBE**

Los jóvenes artistas convertirán una cámara de llanta en un sello, creando estampados artísticos.

## ¿Sabías que...?

Hace 500 años, en las hermosas playas de Haití, Colón encontró a unos niños nativos jugando con unas pelotas negras, hechas de algo pegajoso que provenía de un árbol de la región. Colón tomo muestras de éste y las llevó a Europa. No se encontró ningún uso comercial para este caucho hasta el año de 1770, cuando Joseph Priestly descubrió que podía hacer desaparecer las marcas dejadas por un lápiz. Se le llamó "caucho" y se volvió muy útil para muchas cosas, incluyendo el material del que están hechas las llantas por dentro.

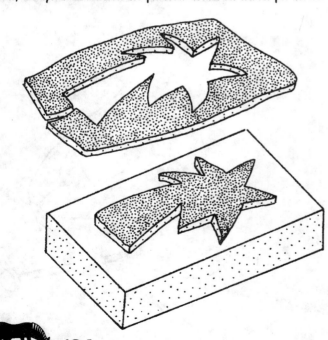

## Materiales

Cámara vieja de una llanta
Marcadores o bolígrafos
Pegamento blanco
Pedazos chicos de madera para agarraderas
Papel para hacer las impresiones

Trapos viejos para limpiar el caucho
Tijeras
Pinturas de témpera
Bandejas para pintura

## Proceso

1. Coloca el interior viejo de la cámara de llanta en la superficie de trabajo. Pasa un trapo sobre el caucho para limpiarlo. Límpiate las manos también si es necesario.
2. Dibuja una figura en el caucho con un marcador o con un bolígrafo.
3. Corta la figura con las tijeras. Dibuja y recorta las siluetas que quieras.
4. Pega cada figura a un pedazo de madera (si recortaste letras o números, voltéalos para que queden al revés y así pégalos al pedazo de madera. De esa forma se imprimirán de modo correcto).
5. Deja secar para que las figuras queden bien pegadas.
6. Vierte pintura de témpera en las bandejas para pintura. Utiliza colores diferentes en cada bandeja.
7. Moja, da ligeros toques o presiona la silueta dentro de la pintura, sosteniéndola de la parte de la madera, después presiónala sobre el papel para estampar tus diseños. Se pueden hacer varias impresiones de una sola mojada de pintura.
8. Cambia de colores y haz más impresiones. Deja secar.
▲ Nota: Algunas ideas de cosas que imprimir
   ✔ papel blanco para usarlo como papel para envolver
   ✔ papel más grueso para hacerlo parte de tu papelería
   ✔ cartulinas para convertirlas en papel tapiz
   ✔ laminas decorativas, cajas para regalos u otras superficies, sólo por diversión.

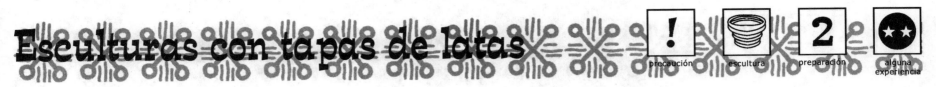

# Esculturas con tapas de latas

| ! | | 2 | ●★★ |
|---|---|---|---|
| precaución | escultura | preparación | alguna experiencia |

La tapa de una lata común y corriente, de sopa o café, puede reciclarse para crear arreglos de metal del joven artista.

## Materiales

Guantes gruesos para trabajar
Tapa de una lata grande (café, sopa o latas de jugo pueden funcionar)
Cinta de aislar
Tabla de madera para trabajar u otra superficie que pueda golpearse
Martillo
Herramientas para hacer hoyos en la tapa como:
Clavos
Destornillador
Cincel
Abrelatas
Tijeras para cortar metal
Tiras de estambre
Plumones

## Proceso

1. Ponte los guantes para protegerte las manos mientras trabajas con la tapa de la lata. Nota: debes tener extrema precaución al manejar las tapas de las latas.
2. Con la ayuda de un adulto, cubre con cinta de aislar o cinta adhesiva la orilla filosa de la tapa de la lata.
3. Coloca la tabla sobre la superficie de trabajo. Con el martillo y los clavos, hazle hoyos a la tapa para hacerle unos diseños. Golpea o usa otras herramientas para hacer cortes y hendiduras en la tapa (ve la ilustración para tener un idea).
4. Haz un hoyo grande en la tapa para pasar por ahí el lazo de estambre o cuerda.
5. Haz un lazo con el estambre o la cuerda para que puedas colgar donde quieras tu ornamento.
▲ Nota: la tapa puede ser coloreada con plumones, dándole tonos transparentes.

**HAITÍ, CARIBE**

## ¿Sabías que...?

Los haitianos muestran su creatividad al convertir latas grandes de aceite en tambores musicales, una popular forma de hacer música en Haití. También convierten otro tipo de artículos de metal en esculturas y decoraciones. El escultor haitiano George Liautaud es muy conocido por sus esculturas de metal en forma de animales, sirenas, santos y otros personajes; recicla los metales y los convierte en hermosas esculturas de un gran valor artístico.

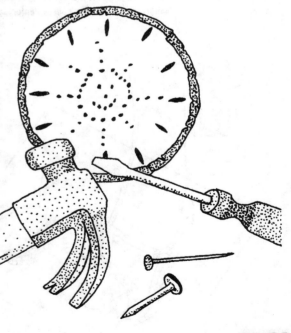

# Arte con estambre

**HUICHOLES
MÉXICO**

Los jóvenes artistas imitarán el estilo de los indios huicholes al dibujar con pegamento y después colocar estambre en las líneas hechas con pegamento.

## ¿Sabías que...?

Los indios huicholes de la costa mexicana del Pacífico crean dibujos con colores brillantes utilizando estambre y cera, que parecen pinturas cuando están terminados. Tradicionalmente, este arte es utilizado como una manera de registrar y contar historias y mitos. Los huicholes creaban sus dibujos presionando el estambre dentro de la cera y lo colocaban en una tabla, después rellenaban los espacios con más estambre de manera que su diseño quedara colorido y grueso.

## Materiales

Cuadro de cartón de cualquier tamaño, de 15 x 15 cm está muy bien para los principiantes
Lápiz o marcador
Pegamento blanco en una botella con aplicador
Estambre de colores brillantes
Tijeras

## Proceso

1. Haz un dibujo sencillo de cualquier objeto en el cuadro de cartón, con el lápiz o el marcador. Los huicholes usualmente dibujan animales como tema central del arte con estambre.
2. Aplica pegamento blanco en las líneas del dibujo.
3. Piensa en las hebras de estambre que vas a usar al ver el dibujo; antes puedes colorear con plumones las partes que llevarán el color del estambre a utilizar. Corta un pedazo de estambre y colócalo en una de las líneas del dibujo. Corta estambre de más colores y pégalo en las otras líneas. ¡Es como colorear con estambre!
4. Rellena con más pegamento y estambre los huecos, haciendo que las tiras de estambre queden lo más juntas posible, logrando que sólo se vea ligeramente el cartón.
5. Continúa aplicando pegamento y estambre, hasta que todo el cuadro de cartón esté totalmente cubierto.
6. Deja secar tu trabajo toda la noche.

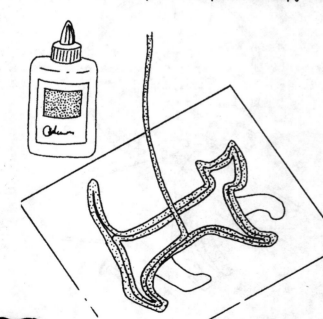

# Tallado inuit

**!** precaución  **escultura**  **1** preparación  **★** principiante

Los inuit siempre han tallado todos los materiales que encuentran en su ambiente, como madera, piedras, huesos, dientes de animales y marfil. Los jóvenes artistas explorarán y descubrirán la experiencia del tallado en una suave barra de jabón.

## Materiales

Barra grande de jabón, preferentemente de color marfil
Lápiz
Herramienta para tallar como:
Cuchillo de cocina o clavos
Toalla

## Proceso

1. Utiliza un lápiz para dibujar el contorno de un animal por uno de los lados de la barra de jabón
2. Utilizando la herramienta para tallar, corta poco a poco pedacitos de jabón, dando forma a la silueta del animal. Humedece tus dedos con agua y suaviza el jabón si es necesario. Precaución: no te talles los ojos con jabón en los dedos, ¡te puede arder! Tampoco llevarte los dedos con jabón a la boca, porque no sería una experiencia muy placentera. De igual forma, los dedos con jabón son un poco resbalosos, así que sécate las manos cada vez que empieces a tallar.
3. Cuando el animal esté completamente tallado y que ya no tenga orillas de jabón, talla sus ojos y otros detalles para lograr que la figura se vea más real.
4. Cuando termines, usa tu figura tallada para lavarte las manos o para bañarte, o guárdala como una pieza de arte.

## Variación

Talla el diseño de un animal en la barra de jabón. Llena la superficie raspada con un poco de pintura de témpera o tinta. Quita el exceso de color.

### INUIT, ESTADOS UNIDOS, GROENLANDIA Y CANADÁ

### ¿Sabías que...?

Los inuit, también llamados esquimales, viven en áreas dentro y cerca del Ártico, en las zonas costeras de Groenlandia, desde el noreste de Rusia (Siberia) y Alaska hasta el norte de Canadá. En Canadá los conocen como inuit, en Alaska "yipik" y en Siberia "yuit". La palabra inuit significa "la gente", y así es como a ellos les gusta llamarse a sí mismos, y no esquimales, como los bautizaron las tribus de Norteamérica y cuyo significado es "devoradores de carne cruda". Históricamente, han hecho imágenes de animales que cazaban o que aparecían en sus historias o mitos, y los usaban como juguetes para sus hijos. En la actualidad, los inuit venden sus figuras talladas como piezas de arte y así ayudan a sus familias. Las figuras más comunes son los osos polares, morsas, focas o cazadores, y están talladas en barras de jabón y algunas piedras porosas que fácilmente aceptan las técnicas de tallado.

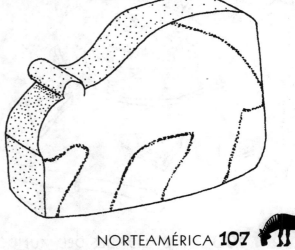

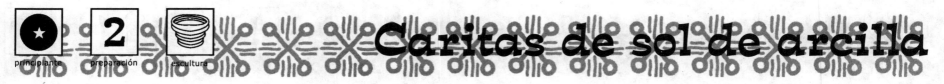

# Caritas de sol de arcilla

**MÉXICO**

Los jóvenes artistas esculpirán soles de Metepec hechos de arcilla, con cualquier barro para modelar y creando sus propias expresiones faciales y diseños.

## ¿Sabías que...?

México es muy conocido por su trabajo para modelar figuras con barro. El artista mexicano Timoteo González es considerado el primer alfarero que hizo caritas de sol de barro, que en la actualidad son parte importante del comercio de piezas de arte mexicanas. Algunos llaman a estas esculturas de arcilla "soles de Metepec" y son pintadas y moldeadas en colores brillantes y diseños expresivos, logrando una gran variedad de expresiones faciales.

## Materiales

Barro o arcilla para modelar
Rodillo
Cuchillo de cocina
Pinturas de témpera y pinceles
Barniz transparente en aerosol, opcional

## Proceso

1. Ablanda la arcilla con las manos
2. Coloca la arcilla en la superficie de trabajo y aplánala con la ayuda del rodillo hasta tener un pedazo del tamaño de un tazón de cereal.
3. De ese pedazo corta un círculo del tamaño que deseas hacer tu sol. Guarda los residuos de arcilla para moldear después los rayos y partes de la cara del sol.
4. Piensa en la expresión que pondrás en la cara de tu sol. A veces ayuda hacer caras frente al espejo poniendo atención en las cejas, forma de la boca y mejillas. Moldea los detalles y colócalos en la cara del sol. Puedes hacer hoyos para los ojos, nariz y boca o puedes hacerlos con más barro. Agrega diseños y detalles con los residuos que guardaste. Los rayos de sol pueden influenciar la expresión de la cara basándote en el diseño; pueden ser derechas, filosas, curveadas, gruesas o delgadas.
5. Haz un pequeño agujero en la parte superior del sol para poder colgarlo en un clavo cuando esté seco.
6. Luego de que las expresiones y los rayos del sol estén completos, deja que el barro se seque hasta que endurezca. Dependiendo del tipo de producto de arcilla seleccionado, la mayoría seca durante toda una noche.
7. Cuando se seque la arcilla, pinta los detalles del sol con pinturas de témpera de colores brillantes.
8. Para hacer que las esculturas brillen más, un adulto puede rociar una capa de barniz transparente.
9. Cuando seque, cuelga la carita del sol en la pared, en una cerca o en el patio.

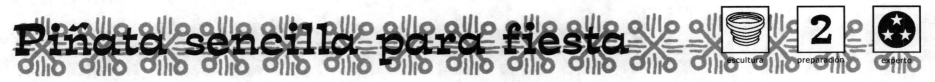

# Piñata sencilla para fiesta

escultura | preparación **2** | experto

Los niños crearán piñatas de papel maché y elegirán mágicos tesoros para llenarlas.

## Materiales

Papel periódico viejo
Tijeras
Cinta adhesiva
Aguja o alfiler para hacer hoyos
Pinturas y pinceles
Palitos o varitas

Recipiente para colocar tiras de periódico
Globo grande
Engrudo y plato de papel aluminio
Dulces con envoltura, juguetes pequeños
Cuerda

## Proceso

1. Corta el papel periódico en cuadros que midan aproximadamente 3 cm y colócalos en un recipiente.
2. Con la ayuda de un adulto, infla un globo y anúdalo. Pega con cinta adhesiva la punta del globo, donde está el nudo, a la superficie de trabajo para que no se vaya con el aire.
3. Coloca engrudo en el plato de papel aluminio. Moja los cuadros de periódico en el engrudo y comienza a pegarlos al globo. Continúa mojando periódico y pegando hasta que todo el globo esté cubierto. Trata de cubrir el globo con tres o cuatro capas, dejando sin cubrir la parte donde está amarrado.
4. Deja secar el globo, tal vez toda la noche o por varios días. Cuando ya esté seco, poncha el globo con un alfiler. Saca con cuidado el globo desinflado fuera de la figura hecha con papel periódico. Haz dos hoyos en la parte superior de la piñata, uno en cada lado, para poder colgarla.
5. Llena la piñata con dulces o juguetes pequeños o escribe en tiras de papel cupones canjeables por obsequios, que pueden repartirse después de partir la piñata.
6. Cubre el hoyo con cinta adhesiva o con más pedazos de periódico con engrudo (deja secar de nuevo). Asegúrate de que los orificios para colgar la piñata no estén tapados.
7. Pinta la piñata con colores brillantes para decorarla. Puedes cortar figuras de papel de colores y pegárselas. Déjala secar unas horas.
8. Pasa la cuerda por los dos orificios y cuelga la piñata. Reúne a tus amigos. Cubre los ojos de la persona que va a pegarle a la piñata. Cada quien en su turno le pegará con un palo a la piñata hasta lograr romperla. Cuando los dulces y juguetes caigan al piso, todos tratarán de recolectar los más que puedan.

✔ Precaución: Manténganse alejados de la persona con ojos vendados que está pegándole a la piñata.

MÉXICO

## ¿Sabías que...?

La piñata es de origen italiano, pero comúnmente está más asociada con México. Las piñatas fueron originalmente creadas con cerámica, pero en la actualidad se fabrican con papel maché. Todos los niños disfrutan esperando su turno para lograr romper la piñata. Cuando la piñata finalmente se ha roto, los regalos dentro de ella caen al piso y todos se apresuran a recoger dulces y juguetes.

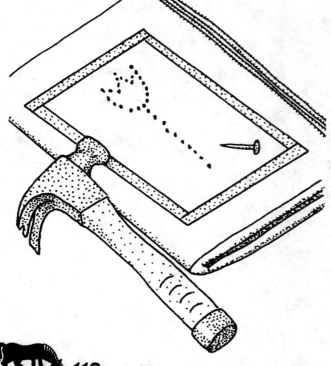

# Marcos de papel estaño

## MÉXICO
### ¿Sabías que...?

El arte en estaño se desarrolló en México alrededor del año 1650, cuando los españoles restringieron la disponibilidad de la plata. La hojalata era un barato e ideal sustituto de la plata y se utilizaba para crear grandes piezas de arte debido a su suave estructura, que podía ser cortada como el papel. Actualmente, los artistas mexicanos agregan color a este papel estaño con tintas de colores brillantes.

Los jóvenes artistas crearán un marco, usando papel estaño que se puede adquirir en varias tiendas de arte. También los moldes de papel aluminio o tapas de latas de jugos pueden sustituir este material.

## Materiales

Guantes para proteger los dedos, opcional
Tijeras
Marco para fotos de 13 cm x 18 cm sin vidrio
Lápiz
Líquido para limpiar vidrios
Marcadores

Hojas de papel estaño
Cinta adhesiva
Periódico
Clavos y martillo
Toallas de papel

## Proceso

1. Si lo deseas, colócate los guantes para proteger tus dedos. Si el artista puede trabajar con cuidado, entonces no serán necesarios los guantes. Un adulto debe supervisar los pasos donde se va a cortar.
2. Corta con las tijeras la hoja de papel estaño, en medidas un poco más chicas que 13 x 18 cm. La hoja de papel estaño es fácil de cortar pero las tijeras se pueden atascar.
3. Coloca cinta adhesiva alrededor de las orillas de la hoja de papel estaño para cubrir las partes filosas.
4. Coloca la hoja de papel estaño sobre varias capas de papel periódico en la superficie de trabajo.
5. Con un lápiz, dibuja un diseño sencillo en el estaño
6. A continuación coloca el clavo sobre la línea que dibujaste con el lápiz y haz un hoyo. Continúa haciendo esto en toda la orilla de tu diseño.
7. Cuando el diseño esté terminado, rocía líquido para limpiar vidrios en la superficie y límpialo con una toalla de papel. No limpies la parte de atrás del diseño porque las orillas de los hoyos que hiciste con el clavo están muy filosas.
8. Colorea tu diseño con plumones.
9. Pon la hoja de papel estaño en el marco y colócalo en una pared o mueble.

# Pinturas de arena

dibujo | preparación **2** | alguna experiencia

Los jóvenes artistas crearán un diseño original con pegamento y arena de colores en un cartón grueso.

## Materiales

3 tintas líquidas para tela, una cucharada grande para cada uno; o tinte en polvo, una cucharada a cada uno

Agua caliente de la llave, recipientes, cucharas

Taza para medir

Tablero de cartón o cartón grueso

Marcadores o plumones

Vasos de cartón desechables

Pegamento blanco rebajado en vaso desechable

Pegamento blanco en botella flexible

Pincel

Arena fina

Escurridor

Recipientes de plástico

Periódicos

Palitos de artesanías o abatelenguas

## Proceso

1. Mezcla con ¾ de taza (175 ml) de agua caliente cada uno de los diferentes colores de tinta en polvo o líquida, en recipientes separados. Utilizar ambos tintes produce colores brillantes. Puedes mezclar otros colores de acuerdo a los tintes que tengas a la mano.
2. Agrega ½ taza de arena a la tinta. Mézclalo. Deja reposar la mezcla por dos horas.
3. Coloca el escurridor sobre uno de los recipientes de plástico. Vierte la arena a través del escurridor muy despacio y cuidadosamente, para escurrir cualquier partícula o agua. Haz lo mismo para todos los colores que faltan.
4. Coloca periódicos en tres áreas de la mesa, una para cada color. Vierte arena coloreada para que se seque, separada en cada una de las áreas. Desparrama la arena con palitos o abatelenguas.
5. Mientras el arena se seca, dibuja con los plumones un diseño o dibujo sobre el tablero de cartón.
6. Cuando el arena esté seca, vierte cada color en vasos de cartón por separado.
7. Escoge un color para empezar. Pon pegamento blanco rebajado en el área que lleva ese color en el diseño. Pellizca el borde del vaso de cartón para hacer un punto de vertido y, cuidadosamente, vierte una pequeña porción de arena sobre el pegamento húmedo. Déjalo secar por cinco minutos.
8. Continúa trabajando en colocar pegamento y arena coloreada hasta completar todo el diseño.
9. Para terminar, con la botella flexible escurre una línea de pegamento en el contorno del diseño o dibujo. Agrega un poco más de arena coloreada sólo en la línea. Voltea el tablero de cartón y quita el exceso de arena sobre los periódicos. Conserva el sobrante de arena para futuros diseños. Deja secar completamente.

**NAVAJO, NATIVOS AMERICANOS, ESTADOS UNIDOS**

## ¿Sabías que...?

La pintura de arena es un arte que proviene de la tradición navajo, que utilizaba arena de colores, rocas molidas, carbón, flores machacadas, ocre, polen y miel de abeja. Originalmente, estas pinturas tradicionales se utilizaban como parte crucial de las ceremonias, conjuros o bendiciones conducidas por el brujo de la tribu. La pintura se completaba en el día y se destruía después, en la noche. La pinturas sagradas o purificadas eran utilizadas sólo en las ceremonias, nunca como diversión y tampoco podían ser guardadas o fotografiadas. En la actualidad, la pintura de arena como expresión artística es hecha con cartón y pegamento y es aceptada con respeto por el comercio y la sociedad navajos. Como demostración de respeto hacia esta etnia, a los niños se les inculca el apreciar esta forma de arte de pintar con arena.

# Recortes de papel

alguna experiencia | 1 preparación | collage | ! precaución

**OTOMÍES, SAN PABLITO, MÉXICO**

## ¿Sabías que...?

Los indios otomíes de San Pablito, México, hacen recortes de papel con la corteza del árbol de amate. Los otomíes creen que esta forma de arte los protege y mantiene alejados a los malos espíritus, cuida sus hogares y le da salud a los miembros de la tribu. Los cortes son diseños simétricos de gente, animales, pájaros y otras culturas que se encuentran en su vida diaria.

Los jóvenes artistas usarán papel de estraza de bolsa de pan, a modo que parezca papel amate, para crear cortes simétricos y colgarlos en la ventana.

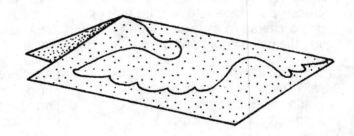

## Materiales

Bolsas de pan de papel estraza
Tijeras
Gis, lápiz o crayón
Periódico
Papel encerado
Plancha
Perforadora
Estambre

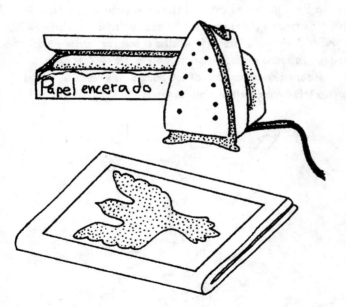

Papel encerado

## Proceso

1. Corta la bolsa en la parte que está unida, de manera que te quede un rectángulo. Ahora recórtalo en un cuadrado, para usarlo en tu diseño. Guarda el resto del papel para más diseños u otros proyectos.
2. Dobla el cuadro de papel a la mitad.
3. Este paso se enfocará en la simetría, como se muestra en las ilustraciones. Dibuja la mitad de la figura de un pájaro, persona, animal u otra criatura, en la mitad del papel donde está el doblez.
4. Recorta por la orilla sin desdoblar el papel; no cortes el doblez. Ahora, abre el doblez y podrás ver el corte simétrico.
5. Arruga el papel como si fueras a tirarlo a la basura. Después desdóblalo y alísalo. Esto le dará al papel un toque rústico o viejo.
6. Coloca una hoja de periódico en una mesa.
7. Coloca el recorte entre dos hojas de papel encerado. Cúbrelo con otra hoja de periódico para protegerlo de la plancha. Ya con la plancha a temperatura baja y con la ayuda de un adulto, plancha el recorte hasta que el papel encerado se adhiera al recorte.
8. Quita los periódicos. Recorta alrededor de la figura con el propósito de quitar el papel encerado excedente, pero deja por lo menos 13 mm o un poco más de papel alrededor de tu diseño.
9. Haz un pequeño hoyo en la parte superior de tu diseño e inserta un pedazo de estambre. Amárralo para que puedas colgar tu diseño en una ventana o del techo.

# Historias de otro lugar

Los jóvenes explorarán la experiencia de construir un tótem con cajas de cartón y pinturas, para contar historias o compartir noticias importantes.

## Materiales

Cajas de cartón, de 3 a 10
Pinturas de témpera y pinceles
Cinta adhesiva o cinta de aislar
Pistola de silicón, opcional

## Proceso

1. Elige el color con el que vas a pintar las cajas, tal vez con pintura color café, para que parezcan hechas de madera de cedro. Deja secar completamente.
2. Mientras que las cajas se están secando, piensa en una historia especial, una anécdota familiar o noticias que puedan ser representadas en las cajas. El propio ambiente o la creación de una historia personal podrían incluir:

| | | | | | |
|---|---|---|---|---|---|
| bicicleta | perro | lago | padres | deportes | juguete |
| coche | pez | luna | parientes | Sol | |
| gato | amigo | montaña | sonrisa | lágrimas | |

Algunos de los símbolos utilizados por los haida para representar sus historias y noticias son:

| | | | | |
|---|---|---|---|---|
| ancestros | almeja | cuervo | familia | orca |
| puma | águila | búho | salmón | oso |

3. Apila las cajas una sobre otra para ver cómo se balancean y qué tan alto pueden llegar. Para lograr estabilidad, las cajas más grandes deben de ir hasta abajo y las pequeñas hasta arriba.
4. Pinta las cajas según el orden en el que deberían ser apiladas y dependiendo de la historia que vas a contar, comenzando por la caja de hasta abajo. Déjalas secar toda la noche.
5. Vuelve a apilar las cajas, usa cinta adhesiva o pegamento para sostenerlas. Se recomienda la ayuda de un adulto si vas a utilizar la pistola de silicón. Continúa apilando y asegurando las cajas hasta que toda tu historia esté completa, después, ¡cuenta la historia!

HAIDA,
NATIVOS AMERICANOS,
ESTADOS UNIDOS

## ¿Sabías que...?

Los tótems son considerados como un objeto importante para anunciar recuerdos de la historia de una familia.

Son identificados como símbolos de cada clan o familia y hablan de su estatus social, de recuerdos o registro de eventos importantes. Los haida hacían sus tótems utilizando robles rojos, preservando su cultura y herencia para futuras generaciones. Usualmente, las imágenes mostraban figuras religiosas y animales. En la actualidad los haida conservan estos objetos como registros de su vida antepasada, como si fueran libros o palabras escritas que comunican la historia de su cultura. Los jóvenes artistas pueden crean un tótem para contar sus propias historias o noticias.

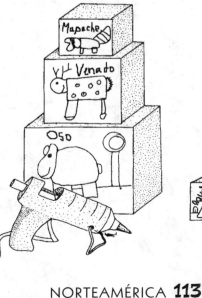

# Varita histórica

**SIOUX,
NATIVOS AMERICANOS,
ESTADOS UNIDOS**

## ¿Sabías que...?

Hace más de cien años, los indios sioux no escribían historias como lo hacemos hoy en día. En vez de ello, pintaban dibujos en madera, los cuales podían transmitir eventos importantes en su vida y en su tribu. Estos dibujos después los amarraban a una rama. De esta manera la rama podría ser vista por los demás y servía para llevar un registro de los sucesos.

El joven artista creará una varita histórica con cartulina, materiales para collage y con la rama de un árbol.

## Materiales

Tapa de una jarra grande
Plumones, crayones, lápices
Cartulina o papel grueso
Tijeras
Perforadora
Estambre
Rama o vara de un árbol, cualquier palito será útil
Plumas, cuentas, botones, listones

## Proceso

1. Piensa en algún evento especial o algo importante que haya ocurrido durante este año. Los ganadores de una copa de futbol, cuando aprendiste a andar en bicicleta, un día festivo o tu cumpleaños son un buen ejemplo.
2. Traza un círculo con la tapa de la jarra sobre la cartulina o el papel grueso. Traza todos los círculos que usarás para representar esos eventos especiales en tu varita.
3. Dibuja algo sencillo de este evento en el círculo. Dibuja algo en cada círculo.
4. Recorta los círculos. Perfora cada uno en la parte superior.
5. Ahora amarra cada círculo a la varita, utilizando el estambre.
6. Cuando hayas amarrado todos los círculos a la varita, decora ésta con otros materiales como plumas, listones y cuentas.
7. Puedes contar de nuevo los eventos del año "leyendo" la varita histórica.

# Móvil estable

Los jóvenes artistas pueden crear móviles con cable de teléfono, pedazos de papel e hilo, que se mantienen en equilibrio y se balancean en un trozo de unicel.

## Materiales

Cable de teléfono de 60 cm de largo aproximadamente, u otro cable flexible
Tijeras
Pedazo de unicel del empaque de una caja, como el de una computadora
Pedazos de papel
Pegamento y cinta adhesiva
Hilo, opcional

## Proceso

1. Compra un pedazo de cable telefónico con cables de colores por dentro. Quita todos los hilos que hagan que los cables de colores estén juntos. Si es necesario, puedes cortarlos con las tijeras. También puedes conseguir cables de colores en tlapalerías.
2. Coloca un pedazo de unicel en la superficie de trabajo. Presiona la punta de uno de los cables dentro del unicel. El resto de los cables pueden ser enredados o doblados de cualquier manera, logrando un diseño con los cables hacia arriba.
3. Ahora corta algunos pedazos de papel. Pégalos a los cables de colores (ver la ilustración). Como una idea opcional, puedes pegar hilos y a éstos pegarle los pedazos de papel.
4. Inserta otro pedazo de cable dentro del unicel. Repite este paso con varios cables y los pedazos de papel que pegarás a éstos hasta que estés satisfecho con tu escultura.
5. Coloca el móvil donde le dé un poco de aire para que así veas cómo se mueven los pedazos de papel. Este móvil también puedes colgarlo del techo.

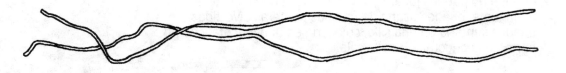

**ESTADOS UNIDOS**

## ¿Sabías que...?

El escultor estadounidense Alexander Calder es famoso por llevar a su máxima expresión artística dos modos de escultura: el móvil y el estable. En el "móvil", que significa escultura en movimiento, los elementos de la escultura están suspendidos en el aire y se balancean con el tacto o el leve paso del viento.

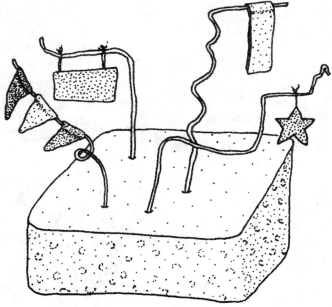

# Muñeca con cara de manzana

## ¿Sabías que...?

Los primeros colonos de Norteamérica fabricaban muñecos con materiales de la naturaleza y con cosas que tenían a la mano. La gente tenía poco dinero y no había tiendas de juguetes a dónde comprar.

Desde entonces, las muñecas de cara de manzana se convirtieron en una tradición que ha quedado como parte de la cultura americana, especialmente en los montes Apalaches y en Nueva Inglaterra.

Los jóvenes artistas esculpirán una cara en una manzana pelada que, cuando seque, se convertirá en la cara arrugada de una muñeca vestida con retazos de ropa.

## Materiales

Manzana grande
Pelador de manzanas y cuchillo
Charola para hornear
Horno precalentado a 100 °C
Guantes para hornear
Pelo sintético, pedazos de tela y tijeras
Pegamento
Limpiapipas

## Proceso

1. Con la ayuda de un adulto pela la manzana, pero deja un poco de cáscara alrededor de la parte superior e inferior.
2. Comienza a esculpir los trazos de una cara en uno de los lados de la manzana dejando espacio para los ojos, nariz y boca. También deja espacio para las cejas y la barba.
3. La ayuda y supervisión de un adulto es necesaria para este paso. Coloca la manzana en la charola para hornear y hornea a 100 °C.
4. Con los guantes para hornear, saca la cabeza de manzana del horno. Estará húmeda. Déjala en el Sol varios días hasta que seque por completo. La manzana se encogerá y podrás ver la silueta de la cara que esculpiste.
5. Pega un trozo de pelo sintético a la cabeza de la manzana para que parezca la cabellera.
6. Trenza tres limpiapipas para hacer el cuerpo. Después, enrolla otros tres limpiapipas y amárralos alrededor del cuerpo para hacer los brazos. Haz lo mismo para hacer las piernas.
7. Corta la figura de un vestido u otro tipo de ropa para la muñeca de manzana y coloca las piezas de ropa en el cuerpo del limpiapipas; utiliza pegamento para que no se caigan.
8. Coloca la cabeza de manzana en el cuerpo del limpiapipas y pégala si es necesario.
9. Aunque no puedas jugar con esta muñeca como si fuera un juguete, puedes usarla de muchas maneras divertidas, puedes sentarla en una silla, colocarla en una maceta y como parte de la decoración de la sala.

# Colcha de pionero americano

collage · preparación **1** · alguna experiencia

Los jóvenes artistas crearán una colcha y la usarán como adorno en una pared.

## Materiales

Cartulina de 10 x 10 cm para el patrón
Retazos de tela
Gis
Tijeras afiladas
Pliego de cartulina para la base de 30 x 30 cm
Pegamento blanco rebajado con agua en una taza
Cepillo
Listón ancho, opcional

## Proceso

1. Recorta un cuadrado de cartulina de 10 x 10 cm. Éste será el patrón para hacer el diseño de la colcha. Puedes utilizar otros patrones en forma de triángulo, diamante o hexágono, pero el cuadrado es el más sencillo para los principiantes.
2. Traza el patrón en la tela utilizando un gis. Traza por lo menos nueve cuadrados en distintos retazos de tela, fíjate en que los colores o estampados de las telas se vean bien juntos.
3. Corta los cuadros de tela con unas tijeras afiladas. Corta sobre las líneas que trazaste con el gis.
4. Coloca los cuadros de tela sobre la cartulina de 30 cm x 30 cm al azar o de acuerdo con tu propio diseño.
5. Levanta uno de los cuadros. Coloca pegamento en la cartulina, coloca de nuevo el cuadro de tela y presiónalo para que pegue bien. Después cepilla o coloca más pegamento sobre el cuadro de tela.
6. Pega de esta manera todos los demás cuadros de tela sobre la cartulina.
7. Para terminar la orilla del diseño de la colcha, pega un listón ancho en las cuatros orillas de ésta. También puedes pegar listón en las líneas que dividen a cada cuadro de tela. Deja secar la colcha ya terminada toda la noche.
8. Cuélgala como un adorno para tu pared.

**ESTADOS UNIDOS**

## ¿Sabías que...?

Las pijamadas o fiestas de colchas eran una de las actividades favoritas de las mujeres en las primeras colonias americanas. Se reunían para platicar y trabajar en sus colchas; cada quién tenía que terminar la suya. Las colchas también eran fabricadas con retazos de telas; estas colchas llegaron a tener grandiosos y originales diseños de los pioneros americanos. Muchos diseños de colchas han ido pasando de generación en generación y se siguen utilizando hoy en día.

# Diapositivas de fotos

**ESTADOS UNIDOS**

## ¿Sabías que...?

La fotografía comenzó cuando se descubrió que, con la exposición a la luz del Sol, las cosas se oscurecen. Muchos experimentos y descubrimientos ocurrieron con la fotografía a mediados de 1800. Pero no fue sino hasta 1880 que la fotografía realmente llegó. Fue cuando George Eastman inventó el rollo flexible y la cámara.

Los jóvenes artistas diseñan sus propias diapositivas fotográficas y las muestran con un proyector.

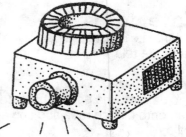

## Materiales

Película vieja de 35 mm
Blanqueador en un recipiente sólido
Caja de aplicadores de algodón o cotonetes
Marcadores permanentes, de punta fina
Proyector de diapositivas

## Proceso

▲ Nota: Como el uso del blanqueador requiere de precaución, se necesita la supervisión de un adulto y necesitarás ayuda para este paso.

1. Limpia las imágenes de la película vieja mojando un cotonete con blanqueador. Pásalo por la parte transparente de la película, borrando la imagen que antes estaba ahí.
2. Limpia hasta que quede totalmente transparente. Déjala secar.
3. Repite este paso con todas las diapositivas que vas a usar. Utiliza cada vez un cotonete nuevo.
4. Con los marcadores permanentes de punta fina, dibuja figuras o siluetas en las diapositivas. Cada diapositiva puede tener su propio y original toque de arte, o tal vez las diapositivas pueden tener un orden de manera que cuenten una historia.
5. Cuando todas las diapositivas estén completas, prepara el proyector para un espectáculo. Puedes incluir música o incluso narración a la presentación.
6. Exhibe las diapositivas en el proyector.

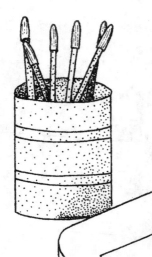

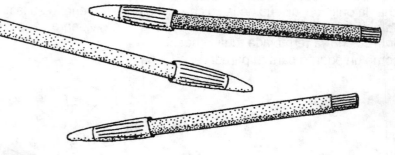

# El arte de hacer un sombrero

escultura   preparación 3   experto

El arte de hacer un sombrero ha cambiado y evolucionado a través de los siglos hasta el día de hoy. Cada joven artista creará un sombrero con retazos y materiales a la mano, ¡parecerá una escultura más que un sombrero!

## Materiales

Tazón para la forma del sombrero
Cartulina
Regla, lápiz, tijeras
Papel aluminio, cinta adhesiva,
Engrudo, tazón pequeño, pinceles, papel de china de colores,
Barniz acrílico en aerosol
Materiales para hacer un collage como:

| cuentas | botones | confeti | listón |
| adornos para coser | retazos de tela | flores de papel | bolitas de algodón |

## Proceso

1. Encuentra un tazón del tamaño de la cabeza de la persona que va a usar el sombrero.
2. Corta la cartulina en un cuadro de 35 cm. Coloca el tazón en el centro del cuadrado y traza la orilla del tazón. Corta el círculo. Deja el círculo a un lado y guarda el cuadrado con el círculo ya recortado en el centro, para usarlo después para el ala del sombrero.
3. Cubre la orilla del tazón con papel aluminio.
4. Pasa el cuadro de cartulina con el hoyo a través el tazón y sujétalo a un cm o dos de la orilla del tazón. Pega el cartón al tazón con mucha cinta adhesiva.
5. Coloca el engrudo en un recipiente pequeño y moja pedazos de papel de china en el engrudo. Pégalos en el aluminio y en la cartulina.
6. Continúa pegando pedazos de papel en el tazón y en toda la cartulina. Después puedes cubrir todo lo que pegaste con engrudo. Deja secar por completo.
7. Cuando esté totalmente seco, quita el sombrero del tazón que ayudó a moldearlo. Corta los bordes del sombrero.
8. Un adulto puede rociar con barniz acrílico en aerosol, en un área bien ventilada, para que brille. Deja secar por completo, si es posible toda la noche. ¡Úsalo como una obra de arte en tu cabeza!

▲ Nota: puedes utilizar otros elementos decorativos como flores de papel, listones, retazos de tela, brillantina, confeti y cuentas, las cuales puedes pegar al sombreo para hacerlo más moderno y único.

**ESTADOS UNIDOS**

## ¿Sabías que...?

La gente en todo el mundo usa sombreros. Algunos sombreros mantienen tu cabeza más caliente, otros tienen propósitos religiosos, algunos más indican realeza o autoridad y algunos otros son sólo para decoración o diversión. La fabricación de sombreros se volvió comercial después de un método con fieltro, descubierto en 1400. La primera fábrica de sombreros en Estados Unidos se estableció en Danbury, Connecticut, en 1780, por un hombre de negocios llamado Zadoc Benedict, quien fabricó sombreros con piel de conejo y castor.

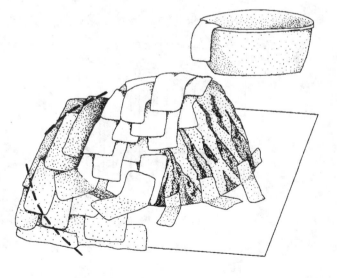

# Cine con un bote: el zoótropo

**ESTADOS UNIDOS**

## ¿Sabías que...?

Estados Unidos es famoso por sus películas y caricaturas. Pero, ¿dónde comenzó todo? Los juguetes ópticos, como el zoótropo, dieron origen a la industria de la imagen en movimiento en Estados Unidos y en el mundo.

Los jóvenes artistas construirán un proyector con el envase de cartón de un helado. Podrán ver una película hecha por ellos mismos o cualquier otro diseño lleno de color.

## Materiales

Bote de cartón de 20 l de helado, lavado y seco
Tijeras o cuchillo filoso
Algún aparato que gire
Papel grueso de 28 x 43 cm. cortado en tiras de 13 x 43 cm
Marcador negro (también otros colores)
Lámpara de escritorio

## Proceso

1. Lava y seca el bote de cartón de helado.
2. Traza una línea horizontal alrededor del bote a la altura de 13 cm de la orilla, después, con la ayuda de un adulto, corta unas ranuras con un ancho de 3 cm y con un espacio entre ellas de 1.5 cm; haz esto alrededor de todo el bote. Las ranuras deben ser lo más parecidas posible. Coloca el bote sobre la superficie que va a girar.
3. Selecciona una tira de papel grueso. Dibuja algo que tenga acción a lo largo de toda la tira. Una idea sencilla es la de un punto que suba y baje por toda la tira. Dibuja un punto muy cerca del otro. Una idea un poco más elaborada es la de dibujar un pececito que nade de arriba hacia abajo con todo y burbujas. Traza líneas gruesas.
4. Pasa la tira de papel en el bote con los dibujos viendo hacia afuera. Dirige la luz de la lámpara de escritorio hacia el bote. Deja que el aparato gire y mira la película.
5. Agrega color, trabaja un poco más en los dibujos y haz ajustes si es necesario para que la película funcione lo mejor posible; una vez que tu idea está clara, dibuja más tiras con distintos diseños y creaciones con más movimiento y detalle.

### Alternativas de aparato giratorio

Corta un pedazo de cartón grueso en forma de un círculo. Haz un agujero en el centro del círculo, más ancho que la punta de un clavo. Coloca un clavo a través del círculo y martíllalo a un pedazo de madera, el círculo debe de girar. Centra el bote en el círculo de cartón. Asegúralo con cinta adhesiva para que el bote no se mueva y gire suavemente.

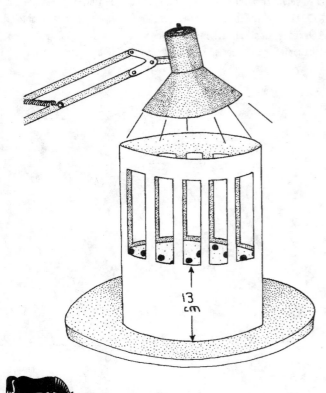

13 cm

# Certificado de Fraktur

pintura · preparación **1** · experto

El joven artista pintará un Fraktur en papel revolución para registrar un evento importante, como un cumpleaños.

## Materiales

Pinturas de témpera o acuarelas
Pinceles de varios tamaños (asegúrate que algunos tengan punta delgada)
Pliego de papel revolución liso u otro papel para envolver

## Proceso

1. Decide el evento importante que vas a registrar, como un cumpleaños por ejemplo.
2. En el papel revolución, pinta palabras que hablen acerca del evento, como el nombre de la persona, la fecha y otro tipo de información que pueda ser de interés, como el clima que hubo ese día, un regalo especial, recuerdos especiales. Esto es lo que hace el certificado.
3. Después, decora el certificado con diseños, como tulipanes, hojas y pájaros. Agrega todas las decoraciones que desees. Remolinos de colores, plantas, figuras geométricas o una orilla de puntitos funcionan muy bien.
4. Deja secar el certificado
5. Coloca el certificado como un cartel; úsalo para envolver un regalo o hasta como portada o forro de un libro.

**ESTADOS UNIDOS**

### ¿Sabías que...?

El nombre "Fraktur" proviene de la palabra fractura, en el sentido de letras fragmentadas. Como forma de arte, es un documento escrito a mano, utilizando coloridos y elaborados diseños y letras inconexas. Los holandeses pioneros de Pensilvania utilizaban el Fraktur para registrar eventos importantes en su vida, a través de certificados decorados para nacimientos, bautizos, matrimonios y muertes. Tradicionalmente, el certificado es la envoltura de una moneda que se da como regalo a un niño. Los diseños de Fraktur llevan tulipanes, hojas, pájaros y otras decoraciones.

para
Jodi Drost
en su cumpleaños
Octubre 22

# Cine en un cuaderno

## ESTADOS UNIDOS

### ¿Sabías que...?

La primera película en movimiento fue creada por accidente. En 1872, por sugerencia del gobernador de California, Leland Stanford, un fotógrafo, alineó 20 cámaras en distintos intervalos para fotografiar a un caballo que estaba corriendo. Estaban colocadas de manera que cada foto tomara el siguiente movimiento de la pierna del caballo. Cuando las fotos fueron reveladas, el "movimiento" del caballo corriendo se podía ver en detalle. Este experimento dejó que se viera una acción "continua" y así fue como la fotografía ayudó a las películas con movimiento.

Para ver cómo funciona esta idea de las fotos en movimiento, el joven artista creará un cuaderno con su propio personaje en movimiento.

## Materiales
Cuaderno pequeño en blanco o pedazos de papel engrapados
Plumones o lápices

## Proceso
1. Piensa en un personaje sencillo y en alguna acción que quieras realizar. Por ejemplo, un muñeco de palitos que va corriendo es una buena idea. Un perro corriendo o un pez nadando también es algo sencillo de hacer.
2. Comienza por la parte de atrás del cuaderno, porque vas a pasar las hojas de atrás hacia delante. En la última hoja del cuaderno, dibuja al personaje que elegiste, realizando el primer paso de la acción; puede ser parado.
3. En la segunda hoja, dibuja al mismo personaje pero con una pequeña diferencia de movimiento, como si comenzara a levantar el pie para correr. En la tercera hoja, aumenta el movimiento del pie.
4. Continúa dibujando el movimiento del personaje por lo menos en 18 páginas más.
5. Sostén la esquina del cuaderno con el dedo pulgar, y deja pasar rápidamente las hojas de atrás hacia delante; así podrás ver a tu personaje moviéndose como en una película.

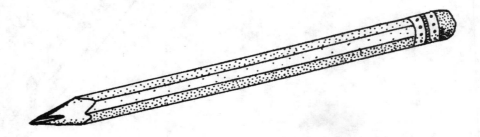

# Oceanía

Oceanía está formada por más de 25,000 pequeñas islas dispersas por todo el océano Pacífico y por una gran parte de tierra llamada Australia. Australia es una de las islas más grandes, junto con Nueva Zelanda y Nueva Guinea. Hay cientos de islas pequeñas y medianas que ni siquiera pueden ser vistas en un mapa. Algunas islas están llenas de gente, algunas están vacías, algunas son grandes y otras son sólo rocas. La mayoría de las islas tienen un clima tropical y los artistas de estos lugares usan materiales como plantas y conchas para crear sus piezas de arte. El arte de estas islas a menudo combina la música, el baile y la narración de cuentos que están relacionadas con costumbres religiosas. En la antigüedad, en estas regiones se utilizaban herramientas hechas de piedra, huesos, conchas, dientes de tiburón y escamas. Los jóvenes artistas explorarán el arte de Oceanía con proyectos como el diseño de la historia de Yumbulul, un regalo de koala, Lei hawaiano de papel, tela de Siapo, faldas de pasto, acuarelas de corales suaves y un tapete de Chamorro, Guam. El arte de Oceanía es expresamente hecho con colores naturales y tiene diseños como ningún otro.

## Bibiliografía seleccionada.

### Oceanía

*Arrecife nocturno: del amanecer al anochecer en un arrecife de coral,* de William Sargent (Franklin Watts, 1991)
*El autobús de escuela mágico en el fondo del océano,* de Joanna Cole (Scholastic, 1993)
*El libro del alfabeto oceánico,* de Jerry Payota (Charlesbridge, 1989)
*En casa en el arrecife de coral,* de Katy Muzik (Charlesbridge, 1992)
*Familias en el azul y profundo océano,* de Kenneth Mallory (Charlesbridge, 1995)
*Formas oceánicas,* de Suse Mc Donald (Harcourt Brace, 1994) Brace, 1994)
*La vida en los océanos,* de Lucy Baker (Scholastic, 1993)

### Australia

*La serpiente cantante,* de Stefan Czernecki (Hyperion, 1993)
*Tiempo de soñar: historias aborígenes*, de Oodgeroo (Lothrop, 1994)

### Pacífico del sur

*Llámala coraje*, de Armstrong Sperry (McMillan, 1939)

# Diseño Yumbulul para camiseta

Los jóvenes artistas inventarán una historia que será parte del diseño de una camiseta, como Ferry Dhurritjini Yumbulul, un artista aborigen de Australia.

## Materiales

Una historia para dibujar
Cualquier papel blanco
Crayones
Periódico
Plancha a temperatura media (sin vapor) con la ayuda de un adulto
Camiseta totalmente blanca
▲ Nota: cualquier pedazo de tela blanca puede funcionar en lugar de una camiseta como:
Funda de almohada      servilleta      mantel      pañuelo

## Proceso

1. Piensa en la historia que vas a plasmar en el diseño de tu camiseta. Cuenta la historia a alguien que pueda escribir. Escucha la historia varias veces. Haz una imagen mental usando tu imaginación.
   A continuación mostramos dos ejemplos de las historias que inspiraron a Ferry para los diseños de sus camisetas:
   ✔ las tortugas bebés se apresuraron y corrieron a protegerse detrás del arrecife, aquí se esconden de los depredadores. Comparten este hogar con otros peces pequeños que no pueden sobrevivir sin un refugio como éste.
   ✔ Cuando las tortugas crecieron, siguieron protegiéndose en el arrecife. Esperaron hasta que estuvieran aún más grandes y sus caparazones lo suficientemente duros para aventurarse y nadar mar abierto, para seguir las corrientes y recorrer grandes distancias antes de regresar al arrecife para descansar y alimentarse.
2. Toma los crayones y dibuja la historia en el pedazo de papel blanco. No uses letras ni números.
3. Cuando esté terminado, coloca la camiseta sobre una capa de periódicos.
4. Coloca el dibujo hacia abajo sobre la camiseta. Cubre el dibujo con otra capa de periódicos o con un pedazo de tela.
5. Con la ayuda de un adulto, presiona la plancha ya caliente (sin vapor) sobre el dibujo. Presiona firme pero lentamente.
6. Retira el dibujo y ve cómo tu obra de arte quedó impresa en la camiseta.
7. Usa y disfruta tu camiseta. Lávala y sécala como cualquier otra camiseta. El diseño siempre estará brillante y lleno de color. No uses blanqueador.

### ABORÍGENES DE AUSTRALIA

## ¿Sabías que...?

Los aborígenes como Ferry Dhurritjini Yumbulul, de la tribu warramiri, siguen todas las tradiciones y creencias de sus ancestros, conservando así su herencia y transmitiéndola a otros. En sus pinturas y originales diseños en camisetas, crean historias de su tribu inmortalizando a animales, pájaros, reptiles y flora. Su arte usa cuatro colores muy importantes dentro del trabajo artístico de sus ancestros aborígenes: blanco, negro, amarillo ocre y rojo ocre, símbolos de las cuatro razas principales del mundo.

experto | 3 preparación | dibujo

## ABORÍGENES DE AUSTRALIA

### ¿Sabías que...?

Los aborígenes de Australia son conocidos por sus originales diseños, con los que trabajan y pintan sobre rocas y eucaliptos mediante dos estilos. El estilo rayos X, que muestra los órganos internos al igual que las características externas de los animales y humanos, usualmente hechos con más de un color. El segundo es el estilo Spiri o Mimi, el cual muestra a las figuras humanas en un solo color. Muchos aborígenes dicen que las pinturas Mimi o Spiri no están pintadas, sino que es un espíritu que pasó y su sombra fue captada en alguna pared. Ambos estilos se plasman en diversas paredes de Australia.

Los jóvenes artistas crearán un pequeño tapete en tela gruesa, bordando con estambre y aguja grande al estilo Mimi o de rayos X, como los aborígenes de Australia.

## Materiales

Cinta adhesiva
Tela gruesa para bordar con cuadros de 6 mm, disponible en tiendas de costura
Estambre de varios colores y aguja grande de plástico
Tijeras
Marcador
Palillo

## Proceso

1. Cubre las orillas de la tela para bordar con cinta adhesiva, para protegerte de las orillas filosas.
2. Corta el estambre en tamaños grandes pero cómodos, como el largo de tu brazo, para cada hebra.
3. Toma la aguja grande de plástico e inserta un pedazo de estambre; si no tienes aguja, pega con cinta adhesiva la punta del estambre a un palillo.
4. Dibuja un diseño aborigen en la tela con un marcador, ya sea utilizando el estilo Mimi o el estilo rayos X, que es el que muestra los huesos y los órganos internos, utilizando varios colores. Cualquier forma humana es una buena sugerencia para el estilo Mimi, pero en este estilo sólo puedes utilizar un color para el diseño.
5. Comienza a coser a través de los hoyos de la tela con un solo color para el animal, diseño o figura. Agrega otros colores si lo deseas. Cuando el animal esté completo, comienza a coser el diseño que llevará en la parte de atrás.
6. Cuando toda la tela esté cubierta con estambre, úsalo como un tapete, mantel o cuélgalo en la pared.

# Pintando sueños

dibujo | 1 preparación | experto

Los jóvenes artistas pintarán su propio paisaje o diseño de un animal utilizando líneas de puntos, similares a las pinturas de artistas aborígenes, como Clifford Possum Tjapaltjarri.

## Materiales

Papel blanco
Lápices
Acrílico o pinturas de témpera
Pinceles

## Proceso

1. Con un lápiz dibuja un paisaje, animal o cualquier escena de tu imaginación sobre el papel blanco.
▲ Nota: las pinturas de sueños aborígenes normalmente muestran animales de Australia, como tortugas, pájaros, cangrejos y paisajes de montañas, rocas y lugares con agua. Tú puedes mostrar animales o paisajes de tu propio medio.
2. Pinta el diseño con líneas hechas con puntos, cruces y más puntos. Esto puede tomarte mucho tiempo. Llena todo el papel, pero deja que el color blanco del papel se vea entre punto y punto.
3. Deja secar tu pintura.

### ABORÍGENES DE AUSTRALIA

### ¿Sabías que...?

Clifford Possum Tjapaltjarri (1933-2002), uno de los artistas aborígenes más famoso de Australia, pintó muchas pinturas de sueños. Los artistas como Clifford pintan historias del sueño, un momento de la creación y esencia de la vida y naturaleza aborigen. Los aborígenes de Australia creían que el sueño es un camino que dejan los espíritus ancestrales, que les transmiten historias para que ellos las plasmen en sus pinturas. Normalmente están compuestas de círculos, óvalos, líneas rectas, líneas curvas y muchos puntos. Clifford era especialmente feliz al saber que muchos niños trabajaban con su estilo de pintar con puntos, cruces y líneas, pensando que de esta manera se podría transmitir mejor este estilo artístico y la gente se interesaría más en aprender y apreciar a los aborígenes, a su historia y a su arte. Clifford pedía a los niños que no copien pinturas de sueños de otros, como los de aborígenes australianos, sino que pinten sus propios sueños e ideas personales.

# Regalo de koala

**AUSTRALIA**

## ¿Sabías que...?

El koala es un animal que sólo puede encontrarse en los bosques de eucalipto, al oriente de Australia. El koala es un animal muy selectivo para comer, sólo elige hojas de eucalipto, de preferencia las más frescas. Parecen ositos de peluche, pero están relacionados con los canguros, quienes también son marsupiales. Los marsupiales cargan a sus bebés en una bolsa que tienen en su abdomen, donde crecen sus crías hasta que son los suficientemente grandes para salir al mundo exterior. Los koalas son solitarios, amables y normalmente no son agresivos.

Los jóvenes artistas esculpirán peludas esculturas de koala hechas con crema de cacahuate y cocoa y podrán comerlas en una fiesta. Cada receta es para un koala, así que duplícala o triplícala o haz la cantidad que desees.

## Materiales
Hojas verdes, como lechuga o espinaca
Plato
una cucharada de azúcar
una cucharada de crema de cacahuate
Tazón para mezclar
Una cucharada de chocolate en polvo
Pasitas o chispas de chocolate

## Proceso
1. Coloca la lechuga o espinaca, representando hojas de eucalipto en el plato. Déjalo a un lado.
2. Mezcla el azúcar y la crema de cacahuate en el tazón, usa la mano hasta que esté completamente mezclado.
3. Haz dos bolitas con esta masa, una para el cuerpo del koala y otra para la cabeza. Haz dos bolitas aún más pequeñas para las orejas (o utiliza las pasitas).
4. Con cuidado pasa las bolitas de masa encima del chocolate en polvo, para que el cuerpo y la cabeza tomen otro tono de color café y parezca más peludo.
5. Coloca el koala sobre las hojas de lechuga o espinaca, como si estuviera trepando un árbol de eucalipto. Usa las pasitas para las orejas, ojos y cuatro patas.
6. Mira tu bocadillo, ¡cómetelo y disfrútalo!, ¡los koalas son dulces!

# Tapete de Guam

Los jóvenes artistas oprimen y suavizan tiras de bolsas de papel estraza para tejer un mantel de mesa con un diseño básico

## Materiales

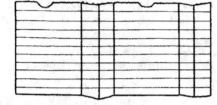

Bolsas de papel estraza, varias para cada mantel
Tijeras
Cinta adhesiva

## Proceso

1. Corta la unión de la bolsa y corta la base también. Abre la bolsa y extiéndela.
2. Corta tiras en la dirección más larga, aproximadamente de 6 a 9 cm de largo de costura a costura (no de arriba hacia abajo). Corta las tiras aproximadamente entre 4 y 5 cm de ancho.
3. Arruga y desarruga de manera que se suavice y se vea como un pedazo de hoja seca de palma y pasto. Haz la misma operación con todas las tiras y ponlas a un lado.
4. Pega unas ocho tiras a la mesa, éstas van a ser la base del mantel.
5. Comienza a tejer una nueva tira a las que tienes en la mesa. Usa el método de entrelazar, una arriba y una abajo. Tienes que llegar hasta la orilla opuesta de donde comenzaste a tejer y dejar las puntas sueltas de cada lado.
6. Continúa con tu siguiente tira, pero en esta ocasión hazlo al revés, una abajo y una arriba.
7. Prosigue tejiendo las demás tiras siempre alternando las posiciones, arriba, abajo, abajo arriba, hasta que termines el mantel.
8. Cuando hayas completado el mantel, dobla las orillas hacia atrás. Quita las cintas que sostienen el mantel a la mesa y pega las orillas sueltas en la parte posterior.
9. Usa tu mantel debajo de una lámpara, como mantel individual o como adorno en tu casa.

## Variaciones

✔ Los manteles pueden ser cubiertos con papel transparente de contacto para protegerlo de los líquidos, pero son más bonitos si los dejas al natural.
✔ Puedes pintar las orillas de tu mantel con un color café más oscuro, para que se parezca más a las hojas de la palma.

**CHAMORRO, GUAM**

## ¿Sabías que...?

Los nativos de Chamorro, en Guam, perdieron la mayoría de su arte y artesanías durante los 454 años que fueron colonizados por los españoles. Una artesanía cultural que ha logrado sobrevivir es el tejido pandanus. El pandanus, o árbol hala, nativo del Pacífico y las islas hawaianas, tiene raíces aéreas y son tan largas que parece como si el árbol caminara derecho. Las hojas del pandanus eran usadas para hacer chozas, velas para las canoas, paredes y puertas para ventanas, así como cubiertas para techos, ropa y tapetes.

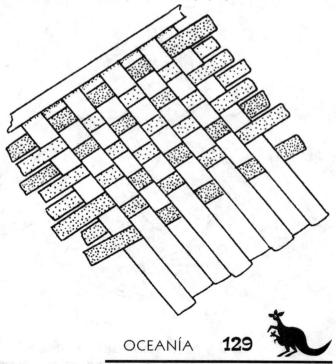

# Bacalao relleno colgante

alguna experiencia

**1** preparación

construcción

**FIJI**

### ¿Sabías que...?

En Nanannuira, una de las islas de Fiji, Paul Miller, residente de la isla, tiene una escuela de bacalaos amaestrados, los cuales pesan, cada uno, hasta 20 kg. Ben Cropp, uno de los más renombrados camarógrafos submarinos australianos, ha filmado secuencias extraordinarias con estos grandes y amistosos peces. Éstos son alimentados todos los días. Suavemente toman la comida de los dedos de las personas y se dejan acariciar y consentir. Cropp quiere que las aguas alrededor de la isla sean consideradas como santuario de peces.

Los jóvenes artistas construirán un enorme pez relleno colgante, parecido a un bacalao de 45 libras (20 kg), como los que son alimentados con la mano en Fiji.

## Materiales

Hoja grande de papel de estraza doblada, a la mitad para que tenga dos capas
Lápiz
Pinturas de témpera, pinceles y marcadores
Sobrantes de papel periódico o de cualquier otro
Perforadora
Engrapadora
Hilo o cuerda

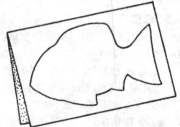

## Proceso

1. Dibuja la forma simple de un pez sobre el papel estraza. Hazlo grande, redondo y gordo.
2. Recorta la figura del pez a través de las dos capas de papel. Ahora tendrás dos figuras idénticas.
3. Coloca la figura sobre la mesa. Desdobla la segunda figura (como si fueran las alas de una mariposa) de manera que ambas áreas del pez sean coloreadas.
4. Colorea o pinta ambos lados del pez. Pueden ser diseños similares o completamente diferentes. Si pintaste, déjalos secar.
5. Coloca las figuras una sobre otra con los lados decorados hacia afuera. Las orillas deben de coincidir. Engrápalos sobre todo el contorno. Cuando te aproximes a la primera grapa, deja un espacio para poder abrir y rellenar.
6. Junta tus sobrantes de papel periódico o cualquier otro y en pedazos pequeños rellena tu pez para que quede gordo, pero ten cuidado de no botar las grapas.
▲ Nota: Las tiras sobrantes de papel de una imprenta son perfectas para rellenar.
7. Termina de engrapar y cerrar tu pez una vez que esté relleno.
8. Perfora unos hoyos en la parte superior del pez. Pasa un hilo o cuerda a través de los hoyos para poder colgar tu regordete pez relleno de colores y poderlo exhibir y disfrutar.

# Acuarela de suaves corales

pintura | 1 preparación | experto

Los jóvenes artistas interpretan la belleza y el movimiento de los suaves corales de Fiji, pintando con acuarelas y delineando con marcadores permanentes.

## Materiales

Mesa o escritorio libre
Papel blanco grueso o papel para acuarela
Cinta adhesiva
Acuarelas y pinceles
Frasco de agua
Marcador de punta fina permanente en negro, morado o azul (plumas de punta fina pueden servir)

## Proceso

1. Pega tu hoja de papel blanco grueso en el escritorio o mesa, haciéndole un marco en toda su orilla exterior (ve la ilustración). El papel debe estar liso y sin arrugas.
2. Comienza con tus colores más húmedos, como anaranjado, rosa y rojo, para cubrir todo tu papel; procura que estén bastante húmedos para que se mezclen bien.
3. Llena toda tu hoja con estos colores mezclados.
4. Deja secar tu papel perfectamente. Puede que se lleve varias horas.
5. Con tu marcador permanente, dibuja líneas en los lugares en donde se cruzan y mezclan los colores, pensando en figuras de yerbas y corales marinos; algunas áreas pueden dejarse sin delinear. Los colores suaves y el delineado pueden representar la ondulante agua de los corales de Fiji.
6. Con mucho cuidado, despega y quita la cinta adhesiva y quedará un marco blanco para tu obra.

FIJI

## ¿Sabías que...?

Taveuni, conocida como la isla jardín de Fiji, es una de las islas más grandes del archipiélago de Fiji. Era conocida por sus plantaciones de coco. Taveuni es ahora el lugar reconocido por los buzos de "scuba diving", por sus arrecifes de coral que rodean la isla y en especial por su coral suave (*Dendronepthya kluzingeri*), el cual puebla y ondula las corrientes de agua en dramáticas y a veces eléctricas olas, con tonos anaranjado, rosa, rojo y blanco, combinados con morado.

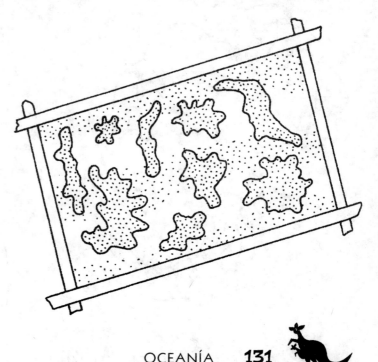

# Collar hawaiano de papel

**HAWAI**

## ¿Sabías que...?

En Hawai, las guirnaldas o collares de flores son llamados "leis" y hubo un tiempo en que eran elaborados con plumas. Hoy en día la mayoría son de flores, pero también pueden ser de moras, conchas, hojas o semillas. Cada isla tiene su estilo propio de lei y se les da a las personas con el espíritu de aloha, un símbolo de deseo de buena suerte y felicidad, amistad o amor.

Los jóvenes artistas pueden elaborar un "lei" (collar) con un rollo de papel para sumadora, para formar una hermosa guirnalda, parecida al tradicional lei hawaiano de flores blancas

## Materiales
Rollo de papel para sumadora
Tijeras
Cinta

## Proceso
1. Enrolla suavemente la cinta, de manera que quepan 3 ó 4 dedos al centro.
2. Sostén el rollo de manera que el lado de papel, no del hoyo, quede hacia arriba.
3. Corta el papel a la mitad, casi hasta el final.
4. Después de haber cortado, dobla el papel en direcciones opuestas. Ahora deberá parecer como las cuencas de los ojos.
5. Sostén los hoyos en una mano y encuentra las terminales que se hallan dentro.
6. Jala las tiras hasta que tengas una guirnalda larga o "lei".
7. Pega las puntas y cuélgaselo a un amigo para que quede sobre sus hombros, como un símbolo del espíritu de aloha. Tradicionalmente, se debe dar un beso a la persona después de haber colocado el collar.

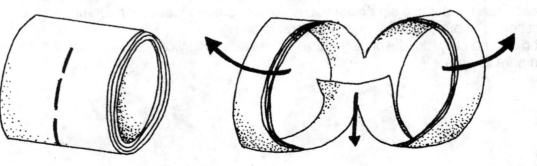

# Tela de Siapo

Los jóvenes artistas pueden crear ropa "Siapo" con bolsas de papel estraza, que han sido suavizadas por medio de arrugar y desarrugar. Los diseños se pintan en el papel suavizado con pinturas negra, blanca y café.

## Materiales

Bolsa de papel estraza
Tijeras
Pinturas de témpera negra, blanca y café
Pinceles

▲ Nota: pueden ser usados marcadores, crayones o gises de colores en vez de las pinturas.

## Proceso

1. Corta la bolsa a lo largo de su unión. Corta el fondo de la bolsa para que se convierta en una hoja grande de papel.
2. Haz una bola con el papel y apriétala para que se arrugue, inclusive párate sobre de ella para que se marquen bien las arrugas. Vuélvela a estirar.
3. Lleva a cabo esta operación varias veces para que el papel quede bien arrugado, como si fuera corteza "uoa".
4. Coloca el papel suavizado sobre tu área de trabajo.
5. Pinta diseños similares a los de Samoa sobre tu siapo. (Ver la ilustración). Los artistas de Samoa utilizan diseños geométricos como triángulos, cuadros, diamantes y ruedas, aparte de muchos otros diseños...
6. Cuando la pintura seque, exhibe tu obra en una pared o sobre una mesa.

SAMOA

## ¿Sabías que...?

Samoa es reconocida por su arte llamado "siapo", creado por primera vez por María Piritati. En Samoa casi todo el arte es elaborado por mujeres. El arte del siapo es llevado a cabo con la corteza del "uoa" (árbol del moral), el cual convierten en una gran hoja plana. Después, los artistas dibujan diferentes diseños sobre ésta y la ponen al Sol a secar. El trabajo terminado es lo suficientemente suave para usarse como ropa y así era hace mucho tiempo. Hoy en día, los samoanos lo usan en ocasiones especiales, como bodas y celebraciones comunitarias.

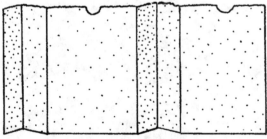

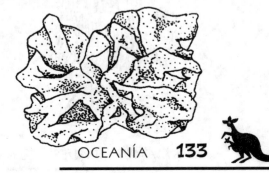

# Faldas de pasto

**TAHITÍ**

## ¿Sabías que...?

Tahití es una isla de la Polinesia francesa que fue establecida en el año 300 d. C., cuando los samoanos establecieron sus primeras colonias ahí. Dos siglos después, canoas de Tahití partieron hacia Hawai y la isla del este. En el año 1000, los tahitianos colonizaron las islas Cook y Nueva Zelanda. De esta manera, la cultura tahitiana se puede encontrar en Hawai y Nueva Zelanda, así como en las otras áreas colonizadas por ellos. La cultura tahitiana es conocida por sus hermosas faldas de pasto llamadas también "hulas", que son usadas por bailarines tradicionales.

Los jóvenes artistas elaborarán faldas de pasto tahitianas, al nivel de la cintura, con rafia pegada a cinturones. El baile es obligatorio, así que pon un poco de música tahitiana y disfruta las fantásticas faldas de pasto; niños y niñas por igual.

## Materiales
Rafia
Tijeras
▲Nota: Si no encuentras rafia puedes usar tiras de papel periódico como sustituto
Cinturón viejo para que lo uses alrededor de tu cintura o cadera
Cinta o CD de música tahitiana

## Proceso
1. Mide la rafia desde tu cintura hasta el piso y duplica esta medida. Corta por lo menos 30 tiras de rafia o más.
2. Perfora el centro de la tira de rafia. Coloca las tiras sobre el cinturón para que cuelguen, como en la ilustración, o simplemente átalas al cinturón.
3. Lleva a cabo esta operación con todas las tiras de rafia una tras otra hasta llenar todo el cinturón.
4. Cuando el cinturón esté completo, ponlo alrededor de tu cintura o cadera.
5. Mueve tus caderas para mover el pasto.
6. Pon un poco de música tahitiana y baila con el ritmo. Puedes acompañar la música con tambores o botes vacíos de avena como tambores.

## Variación
Puedes agregar unas bolas de estambre en el área del cinturón para que se vea más tahitiano; también, complementar tu atuendo con collares leis, una corona de flores u hojas y llevar unas bolas con rafia en cada mano, como las porristas. Puedes ponerte pantalón corto o tu traje de baño para más diversión. Y ¡baila!

# Centro y Sudamérica

Centro y Sudamérica son una mezcla de culturas, muchas de las cuales comenzaron hace cientos de años. Su arte refleja lo viejo y lo nuevo, desde la antigua cultura inca hasta los carnavales y celebraciones actuales que todos disfrutamos. En esta ocasión, los jóvenes artistas explorarán las costumbres en el carnaval de Brasil, la escultura tejida del Ecuador, los sombreros con listones mayas y el código mixteco. Más de 25 experiencias son presentadas a los jóvenes artistas para que exploren la vasta y variada región de Centro y Sudamérica, con su creatividad de amplio colorido.

## Bibliografía seleccionada

### Centro y Sudamérica

*El Camino de Amelia,* de Linda Jacobs Altman (Lee & Low, 1994)
*Juegos pirotécnicos de fiesta,* de George Ancoma (Morrow, 1998)
*Reuniendo el Sol: Un alfabeto en español e inglés,* de Alma Flor Ada (Morrow, 1997)
*Rimas de la guardería de la abuela: Las nanas de abuelita,* de Nelly Palacio Jaramillo (Holt, 1996)
*Tortillitas para mamá: y otras rimas para la guardería,* de Margo Griego y otros, (Holt, 1988)
*Zapatos nuevos para Silvia,* de Johanna Hurwitz (Morrow, 1993)

### Brasil

*Cómo la noche llegó a ser: Una historia de Brasil,* versión de Janet Palazzo Craig (Troll, 1996)

### Colombia

*La Gente Chango: Una leyenda colombiana,* de Eric Metazas (Rabbit Eras Books, 1995)

### Costa Rica

*El Regalo de Fernando,* de Douglas Keister (Sierra Club, 1995)

### Guatemala

*El pan dormido,* de Stefan Czernecki & Timothy Rodees (Hypérion, 1992)
*Gracias Rosa,* de Michele Market (Whitman, 1996)
*La gente del maíz: Una historia maya,* versión de Mary Joan Gerson (Little, Brown, 1995)
*La ola de la abuela,* de Omar S. Castañeda (Lee & Low, 1993)

### Panamá

*Acaba de llegar la abuela,* de Ana Sisnett (Children's Book Press, 1997)

### Perú

*Esta noche es carnaval,* de Arthur Dorros (Dutton, 1991)

### Venezuela

*Diario del Amazonas: Las aventuras en la selva,* de Alex Winters de Hudson Talbott y Mark Greenberg (Putnam, 1996)

# Máscara de fiesta

Los jóvenes artistas crearán y diseñarán sus propias y originales máscaras con un molde hecho de barro y una impresión tomada con yeso.

## Materiales
Periódicos o lienzo
Barro para modelar
Jalea de petróleo
Recipiente hondo y cuchara de madera
Pasta de trigo y agua
Pinturas de témpera o acrílicas no tóxicas y brocha
Cuerda

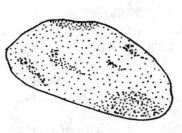

## Proceso
1. Prepara la superficie de trabajo, cubriendo la mesa con periódicos o un lienzo.
2. Suaviza el barro y haz un montecillo sobre la superficie de trabajo. Modela una cara humana de tamaño natural con el barro.
3. Para poner papel maché sobre el rostro de barro, primero cubre la cara con la jalea de petróleo.
4. Mezcla la pasta de trigo con agua, de acuerdo con las instrucciones de la caja hasta que espese.
5. Haz tiras de papel periódico y remójalas en la pasta de trigo. Coloca las tiras de papel periódico sobre el barro hasta que obtengas un espesor de 3 mm de grueso o en varias capas.
6. Deja que el periódico seque completamente. Ahora con cuidado levanta la máscara de papel maché, separándola del barro.
7. Pinta la máscara con pintura de témpera o acrílica brillante. Cuando seque, haz dos hoyos, uno en cada uno de los costados del frente de la máscara e inserta un cordón. Ponte tu máscara o cuélgala como adorno.

**TODOS LOS PAÍSES**

## ¿Sabías que...?

Las fiestas y celebraciones han sido por siglos una fuente emocionante de entretenimiento para la gente de Sudamérica. Mucha gente en los pueblos hace fiestas en honor a sus santos patronos y pasan varios días honrándolo en diferentes ceremonias, con actividades, música y comida. Una de las actividades de la fiesta es portar sus máscaras.

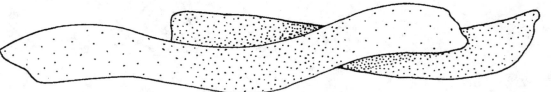

# Pastelillos de los Tres Reyes

**ARGENTINA, COLOMBIA, VENEZUELA Y OTROS PAÍSES**

## ¿Sabías que...?

En el Día de Reyes, las familias se reúnen para comer rosca de reyes. Este pan tiene forma redonda y parece la corona de un rey. La parte superior está adornada con frutas secas, cerezas y tiras de azúcar. Dentro de la rosca hay muñequitos u otros regalitos. El primer adulto en encontrar un muñeco en la rosca deberá hacer una fiesta y preparar la rosca el año siguiente.

Los jóvenes artistas hornearán tres pasteles de reyes con una receta para pastel. Cada uno tiene un premio dentro.

## Materiales

Un paquete de mezcla para pastel amarillo, para hacer una docena de pastelillos
Una taza (250 ml) de agua
Tres huevos (guarda las seis mitades de las cáscaras)
Azúcar en polvo en un plato hondo pequeño
Las seis mitades de las cáscaras de los huevos que mencionamos
Un cuadrito de azúcar para cada pastelillo
½ cucharadita (3 ml) de extracto de limón para cada pastelillo

## Utensilios

Molde para pastelillos y tacitas o conos de papel para pastelillo (los venden en supermercados)
Juguetes pequeños de plástico, monedas o regalitos de fiesta (si prefieres puedes poner una cereza o un "besito" de chocolate dentro de los pastelillos, en vez de los regalitos sorpresa)
Trasto para la mezcla
Tazas y cucharas para medir
Mezcladora eléctrica o cucharón para mezclar
Espátula de hule para raspar el trasto
Horno precalentado a 350° F (180° C)
Cerillos
Charola para hornear de metal, para servir

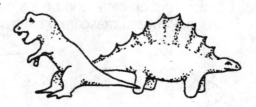

## Proceso

1. Forra las tacitas o conos para pastelillos con el papel especial.
2. Sigue las instrucciones en la caja de mezcla de pastel para hacer tu preparación.
3. Durante el proceso de cocina recuerda no tirar las medias cáscaras de huevo. Trata de conservarlas en mitades. Enjuágalas con agua y déjalas secar, boca abajo, sobre una toalla de papel. Guárdalas para el "toque final".
4. Coloca un juguete (o un pedazo de fruta o dulce) en las tacitas o conitos. Despacio, pon tu mezcla dentro de cada moldecito, cubriendo la sorpresa. Hornea a 350º F por 35 minutos o hasta el punto en el cual al insertar un palillo, éste salga limpio.

5. Déjalos enfriar por unos minutos; después, pon la parte superior de cada pastelillo en azúcar para que esta parte quede impregnada y blanca. Déjalos enfriar por otros 10 minutos aproximadamente.
6. Coloca los pastelillos en la charola metálica para servirlos. Para el toque final, pon media cáscara de huevo boca arriba en cada pastelillo. Pon un cuadro de azúcar en cada media cáscara. Agrega ½ cucharadita de extracto de limón a cada cubito de azúcar. Cuando todos estén listos, un adulto deberá de poner fuego en los cubitos de azúcar para que todos disfruten al verlos los pastelillos de los Tres Reyes encendidos. El fuego se extinguirá solo. Sírvelos y, ¡a comer!

7. Come pedazos pequeños y mastica bien para que no te vayas a tragar los regalitos, si hay niños muy pequeños, lo mejor es dejar que primero partan los pastelillos para retirar los regalitos antes de comer.
   ¡Feliz Día de Reyes!

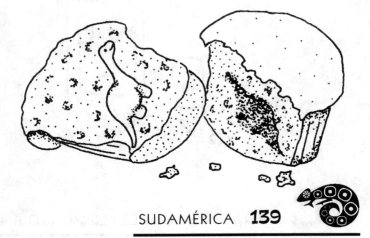

# Calendario Azteca

alguna experiencia

1 preparación

collage

## IMPERIO AZTECA, MÉXICO Y CENTROAMÉRICA

### ¿Sabías que...?

Los arqueólogos han obtenido información acerca de los aztecas, de sus creencias y ceremonias, a través de las obras de arte encontradas en las ruinas de sus ciudades. Una obra especialmente hermosa es el calendario azteca, una escultura circular en piedra, con 12 pies de diámetro. Este calendario representa el universo azteca con la cara del Sol al centro y rodeada de diseños que simbolizan días y meses, planetas y estrellas en diferentes épocas del año, así como días especiales para recordar y celebrar. Como parte de nuestra apreciación del arte y la cultura azteca, los niños diseñarán su propio calendario circular, usando un *collage* y marcando eventos y fechas especiales en sus vidas.

Los jóvenes artistas crearán un calendario circular para marcar días y eventos especiales en sus vidas.

## Materiales

Un círculo de cartón o papel grueso de 30 cm de ancho aproximadamente (los cartones de la pizza son perfectos)
Regla, vara o filo recto
Lápiz o crayón
Plato de papel
Tijeras

Crayones, marcadores
Sobrantes de papel de colores, pueden ser de cartoncillo
Tiras cómicas del domingo
Sobrantes del correo
Papel para envoltura
Perforadora
Confeti
Fotos de revistas

Libro para colorear viejo
Páginas
Superficie para trabajar cubierta de periódico
Pegamento en botella de plástico con aplicador
Diamantina
Cuerda o clips de presión

## Proceso

1. Un adulto puede ayudar a diseñar los doce meses del año en el círculo, en forma de cortes de pastel, como si fuera un reloj. Marca un punto exactamente en el centro del círculo con un lápiz. Divide el círculo en cuatro secciones exactas con una regla o filo recto. Ahora divide cada sección en tres partes iguales para tener los doce meses, una parte para cada mes.

2. Corta la orilla decorada del plato de cartón y pégala al centro de tu círculo. El joven artista puede decorar este círculo con algún diseño que represente algo importante en su vida, un dibujo de la familia, su deporte favorito, un recuerdo especial, una mascota especial o un autorretrato.

3. Un adulto puede ayudar al niño a ponerle nombres a los doce meses y pensar en algo especial, igualmente para dibujar en cada uno de los doce meses, por ejemplo: para enero usa confeti blanco representando la nieve, para febrero, recortes en rojo y rosa en forma de corazón o el dibujo de un buen amigo o para septiembre, los colores de la bandera o banderitas de México. La decisión depende del artista y puede llevarse algún tiempo.

4. Mientras el tiempo pasa y el calendario está cada vez más completo, llena los espacios vacíos con *collages*, diamantina o colores brillantes hechos con tus crayones o marcadores. Puedes añadir los nombres de los meses en tarjetas o cualquier otra idea que puedas tener.

5. Cuando el calendario esté completo y seco, cuélgalo de la pared o apóyalo sobre una mesa.

# Miniaturas comestibles

esculura | **2** preparación | alguna experiencia

Los jóvenes artistas trabajarán con una mezcla para modelar, hecha de puré de papa y azúcar en polvo, para moldear esculturas comestibles en miniatura.

## Materiales

### Ingredientes

½ taza (125 ml) de puré de papa
2 cucharadas (30 ml) de margarina derretida
1 cucharadita (5 ml) de sabor de almendra

½ taza (35 g) de leche en polvo
1 ¼ taza (150 g) de azúcar en polvo más color para comida adicional

### Utensilios

2 recipientes para mezclar y cucharas para mezclar
Cernidor
Refrigerador

Platón pequeño
Molde para pastelillo y agua
Brochita

## Proceso

### Para hacer la masa

1. Pon el puré de papa en un recipiente. Agrega la margarina y mezcla bien. Agrega el sabor de almendra a la mezcla de papa y margarina.
2. En un recipiente aparte, cierne la leche en polvo y el azúcar juntos. Agrégaselos a tu mezcla de papa.
3. Pon tu mezcla en el refrigerador por 3 horas aproximadamente.

### Para hacer las miniaturas

1. Espolvorea un poco de azúcar en una superficie limpia para trabajar.
2. Coloca tu mezcla de papa sobre el azúcar en polvo. Amasa hasta que la papa se sienta como barro para moldear.
3. Separa un puño de masa y moldea una pieza miniatura de algo para comer, como una manzana o un huevo frito.
4. Ahora pon unas gotas de colorante para comida en un plato hondo pequeño. Trata de mantenerlos separados. Ten a la mano un molde para pastelillos con agua para poder suavizar los colores del colorante y para limpiar las brochas. Con la brocha pinta tus miniaturas.
5. Pon tus miniaturas en el refrigerador para que queden heladas. Úsalas para decorar platillos o como un bocadillo. Cómelas y disfrútalas.

BOLIVIA

## ¿Sabías que...?

Una fiesta popular de Bolivia es la fiesta de Alasitas. Ésta se lleva a cabo en enero en honor de Ekeco, dios de la abundancia. Durante este tiempo, Ekeco, que se parece a Santa Claus sin barba, lleva miniaturas a la gente de Bolivia que las quiere o necesita. Estas pequeñas miniaturas pueden ser sacos de arroz o azúcar, animales necesarios para la granja, casas o automóviles y hasta ropa. La leyenda cuenta que lo que Ekeco da a la gente en miniatura después lo recibirán en su tamaño real.

# Disfraces de carnaval

**BRASIL**

## ¿Sabías que...?

El primer carnaval que se llevó a cabo en Río de Janeiro, Brasil, fue en 1840, y ahora es mundialmente famoso por sus brillantes y elaborados disfraces. Se dan premios a diferentes tipos de disfraces.

Los jóvenes artistas pueden diseñar sus propios disfraces, usando una funda de cojín lisa como base para pintar o bordar detalles imaginativos.

## Materiales

Funda de cojín de color, lisa y vieja
Tijeras
Periódicos
Tela, pinturas y brochas
Adornos variados como

| | | |
|---|---|---|
| Cuentas | Botones | Gemas |
| Lentejuelas | Adornos | Listones |

Pegamento para tela
Aguja e hilo, opcional

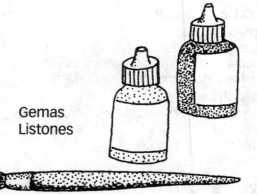

## Proceso

1. Haz un hoyo en forma de V en la parte cerrada de la funda, lo suficientemente grande para que entre la cabeza de una persona.
2. Haz un par de hoyos a los lados de la funda para que entren los brazos.
3. Pruébate la funda para verificar que esté bien el tamaño. Ahora quítatela y comienza tu diseño y decoración.
4. Cubre tu área de trabajo con periódico para proteger la mesa. Extiende la funda sobre la mesa. Pon una hoja de periódico dentro de la funda. Esto es para prevenir que la pintura se pase al otro lado de la funda.
5. Ahora pinta la funda con pintura para tela haciendo un disfraz.
6. Déjalo secar toda la noche. Cuando esté seco, añade los adornos y decoraciones con el pegamento para tela o cosiéndolos. Déjalo secar nuevamente, si es necesario.
7. Organiza un desfile y da premios a los mejores disfraces, ya sea al más atemorizante, al más brillante, al más original o al mejor animal.

## Variación

Agrega alas, máscaras o caras pintadas para hacer más divertido tu festival.

# Bailarines de carnaval

Los jóvenes artistas esculpen un bailarín de samba, con alambre flexible e hilo para alfombra de colores, una técnica artística folclórica original de Brasil

## Materiales

Alambre grueso flexible, de venta en tlapalerías
Hilo para alfombra de varios colores
Pegamento para tela
Materiales decorativos variados, tales como:
    Tela
    Fieltro
    Hojitas de árbol
    Cuentas
    Lentejuela
    Plumas
Bloque de madera, martillo y clavos pequeños

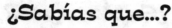

## Proceso

1. Dobla el alambre en la forma del cuerpo de un ser humano. Asegúrate de formar cabeza, torso, dos piernas y dos brazos. Ve la ilustración.
2. Forra tu figura de alambre con el hilo para alfombra, comenzando por un lado hasta terminar en el otro, cubriendo completamente la figura con hilo brillante.
3. Dale más carácter a tu figura agregándole hilo de otros colores a algunas partes del cuerpo, como rojo en los brazos o tobillos, por ejemplo.
4. Pega algunos de tus materiales en la figura para darle detalles agradables. Para los bailarines de samba puedes usar faldas con holanes, cuellos y mangas coloridas. Añade cuentas y lentejuela con pegamento para más detalles.
5. Pega con un clavo la figura en el bloque de madera, para que quede de pie.

BRASIL

## ¿Sabías que...?

El carnaval es la fiesta principal de Brasil y Río de Janeiro tiene el mejor carnaval del país. En febrero, todos los habitantes se preparan para el evento más famoso del mundo. La principal atracción es el desfile carioca, en donde participan diversas escuelas de samba. Tanto los bailarines como el público en general cantan los temas musicales de samba al ritmo de tambores, percusiones y platillos tocados por cientos de participantes.

# Flauta de popote

**BRASIL**

## ¿Sabías que...?

Un indio de Brasil toca una flauta que se sopla de un extremo, instrumento común en todos los continentes pero principalmente en Sudamérica y Asia. Esta flauta es conocida desde tiempos prehistóricos. Se toca soplando cierta cantidad de aire por el extremo recortado de la flauta.

Los jóvenes artistas pueden hacer una flauta con un popote normal de plástico y decorarla con plumas e hilo de colores.

## Materiales

Popote de plástico
Tijeras
Varios materiales decorativos como:
  Plumas
  Calcomanías
  Hilo de colores
  Gemas de plástico

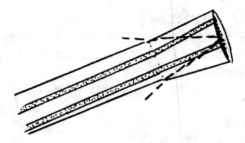

## Proceso

1. Aplana 3 cm de uno de los extremos del popote. Dóblalo bien para que quede plano.
2. Con las tijeras, recorta la punta para que quede en forma de "v", como se ve en la ilustración, para hacer la boquilla de la flauta.
3. Pega algunos materiales decorativos en el popote para que se vea festivo. Déjala secar antes de probarla.
4. Ponte la punta de la flauta en la boca, justamente detrás de los labios.
5. Sopla fuerte, ¿sale sonido? A veces hay que experimentar varias veces recortando o alargando la boquilla de la flauta hasta que salga el sonido, pero no es difícil.
▲ Nota: Entre más corto sea el popote, más alto será el sonido y más fácil de soplar.

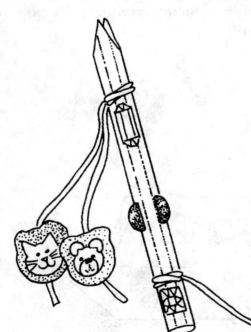

# Figuras con cuerda

Los jóvenes artistas pueden trabajar con cáñamo de Brasil, para crear una escultura de figura humana.

## Materiales
Cáñamo de Brasil o cuerda, aproximadamente 2 m de largo
Tijeras
Alambre artesanal que tendrá una figura (se compra en una tienda de artesanías)
Cortador de alambre
Bloque de madera, clavos y martillo

## Proceso
1. Corta la cuerda en tramos de 38 cm de largo.
2. Corta también el alambre en varios tramos de 38 cm.
3. Pega el alambre a una de las puntas de uno de los pedazos de cuerda, enróllalo una y otra vez a lo largo del resto del pedazo de cuerda y pega el final del alambre al lado opuesto de la cuerda. El alambre hace que la cuerda pueda tomar una forma sin deformarse.
4. Enrolla los demás pedazos de alambre a las cuerdas siguiendo los pasos anteriores.
5. Para hacer la figura humana (o cualquier otra forma que desees) dobla el alambre con la cuerda para hacer formas como piernas. Otro pedazo de cuerda puede ser unido al primero por medio de alambre y hacer brazos, cuerpo y cabeza.
6. Cuando la figura esté completa, clava los pies al bloque de madera para que quede de pie.
▲ Nota: Algunos artistas prefieren pegar el primer tramo de cuerda al bloque de madera, para darle su posición desde el principio.

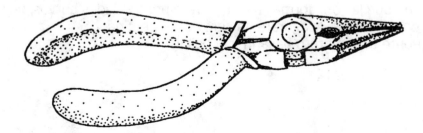

**BRASIL**

## ¿Sabías que...?

En los años de 1700 y principios de 1800, uno de los más famosos artistas brasileños fue el escultor Antonio Francisco Lisboa. También era conocido como Aleijadinho, que significa "pequeño lisiado", porque sufría de una enfermedad que a la larga le impidió usar sus manos. Él tenía que atar sus herramientas a sus puños para poder continuar haciendo esculturas. Hoy en día, sus trabajos son famosos y valiosos. Desde entonces, la escultura ha reflejado la herencia india de la región, incluyendo monumentos a héroes de guerra.

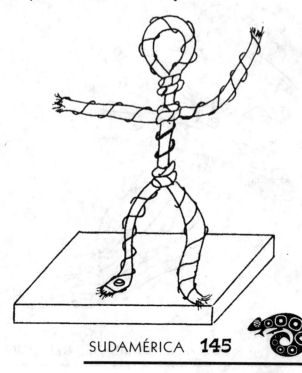

# Sombrero bailarín para las fiestas

**ECUADOR**

## ¿Sabías que...?

Para celebrar la temporada de plantación, los nativos de las montañas del Ecuador organizan un festival anual durante el invierno, con disfraces y bailes en las calles.

Parte de la costumbre es un sombrero hecho de tela y decorado con diferentes adornos, como botones, listones y plumas. Estos sombreros usualmente tienen una cola hecha con serpentina y listones que se balancean y cuelgan viéndose especialmente festivos durante los bailes.

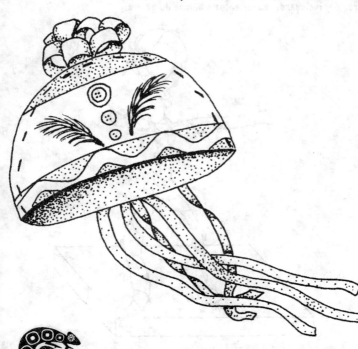

Aunque los bailarines en Ecuador son exclusivamente hombres, los jóvenes artistas —niños y niñas— pueden diseñar y usar un sombrero bailarín, con objetos varios y recortes de costura, pegados a una bolsa de papel como base. ¡No olvides la serpentina!

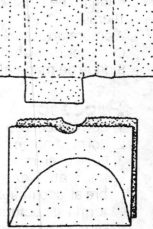

## Materiales

Bolsa de papel de estraza, una para cada bailarín y diseñador
Tijeras
Crayones o marcadores
Objetos varios y artículos de costura como:

| | | |
|---|---|---|
| Plumas | Botones | Lentejuela |
| Recortes de costura | Confeti | Listones |
| Hilo | Tiras de papel | |

Pegamento blanco
Engrapadora

## Proceso

1. Corta la bolsa de papel de estraza como en la ilustración. Al mismo tiempo, corta dos figuras de sombrero. Asegúrate que las formas sean del tamaño suficiente para la cabeza de un niño.
2. Dobla los patrones de sombrero sobre sus lados lisos. Decora el sombrero con diseños diversos. Piensa en zig zags, bolas, líneas curvas. Cualquier decoración estará bien.
3. A continuación, pega objetos diversos y recortes de costura. Déjalo secar completamente.
4. Engrapa las dos formas del sombrero por sus lados curvos, dejando abiertas sus partes rectas. Asegúrate de agregar serpentina.
5. Ponte tu sombrero bailarín y ¡a bailar!

# Escultura tejida

escultura · preparación 1 · experto

## Materiales

Plato hondo
Envoltura plástica
Pegamento blanco, agua y cualquier recipiente, como un vaso de queso cotagge
Tijeras
Hilo o estambre de colores
Materiales diversos como:

| Cuerda | Hilo | Plumas |
| Listones | Sobrantes de costura | Estambre |

## Proceso

1. Pon el plato hondo boca abajo. Coloca la envoltura de plástico sobre el plato. Esto será para darle forma al hilo con pegamento.
2. Mezcla partes iguales de agua y pegamento blanco en un recipiente, como el vaso de queso cotagge.
3. Corta el hilo o el estambre en pedazos que puedas trabajar, 12 pulgadas (30 cm) de largo es una opción. Remoja cada pedazo individualmente en la mezcla de agua y pegamento, para que queden bien mojados. Quita el exceso de agua exprimiendo las tiras sobre el recipiente y estirando hacia abajo con dos dedos.
4. Ahora coloca una tira sobre la envoltura plástica que ya tenías lista.
5. Toma otra tira y repite los pasos anteriores, remojando y colocando sobre la envoltura plástica. Sobrepón los estambres, dejando espacios entre ellos.
6. Cuando hayas usado suficientes hilos para cubrir por completo toda la forma del plato hondo, ponla a un lado y déjala secar por varios días.
7. Cuando los hilos estén completamente secos, levanta la escultura formada sobre la envoltura de plástico.
8. Estudia las separaciones entre los hilos e inserta en éstas los materiales restantes, como plumas, listones y sobrantes de costura.

**ECUADOR**

## ¿Sabías que...?

La gente del Ecuador es famosa por sus tejidos. Los días de mercado son conocidos como ferias en la capital. En la feria, ellos venden sus tejidos hechos con diseños geométricos y en brillantes colores. La habilidad y el arte del tejido han sido transmitidos de generación en generación y son una fuente de orgullo para la gente del Ecuador.

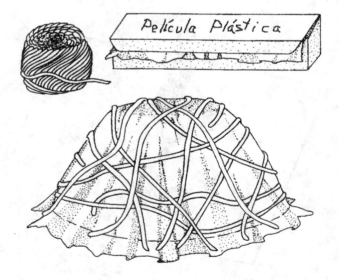

Película Plástica

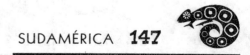

# Mantel de aserrín

**GUATEMALA**

## ¿Sabías que...?

En algunas ciudades de Guatemala hay una hermosa costumbre de Semana Santa. La gente elabora tapetes de aserrín, a lo largo de la ruta en donde se llevará a cabo una procesión al día siguiente. Estos tapetes son elaborados con aserrín de colores hechos con plantillas. Se asemejan a tapetes de lana tejidos y se extienden a lo largo de las calles. Es un gran espectáculo.

Los jóvenes artistas trabajan con aserrín de colores para crear un diseño de aserrín en papel grueso.

## Materiales

Aserrín (lo puedes adquirir en aserraderos o madererías), ½ taza (100 g) para cada color

Envases de plástico con tapa, uno para cada color

Pinturas de témpera en polvo, varios colores brillantes, 4 cucharadas (20 ml) para cada color

Cucharita y tazas para medir

Pegamento blanco en botella exprimible

Cartón mate o papel grueso

## Proceso

1. Pon ½ tasa de aserrín en cada envase de plástico.
2. Agrega 4 cucharaditas de pintura de témpera en polvo al aserrín. Usa un color diferente en cada envase.
3. Pon las tapas en los envases y agítalos para mezclar la pintura con el aserrín.
4. Dibuja un diseño exprimiendo el pegamento blanco de la botella sobre el cartón o papel grueso.
5. Esparce los diferentes colores de aserrín sobre el pegamento húmedo como si usaras diamantina.
6. Deja que seque el pegamento y quita el sobrante.

▲ Nota: Para prevenir que los colores se encimen, esparce el aserrín parte por parte y color por color.

## Variaciones

✔ Haz una plantilla recortándola de un fólder viejo. Sostén la plantilla sobre el papel grueso. Pinta con pegamento delgado en el papel que se ve. Sin mover la plantilla, espolvorea el aserrín sobre el pegamento. Ahora quita la plantilla y el aserrín sobrante.

✔ Llena cubetas con aserrín. Mezcla pintura de témpera con el aserrín usando un palo hasta que el aserrín adquiera su color. Corta plantillas de un cartón. Busca un lugar al aire libre para crear tus manteles de aserrín. Esparce el aserrín sobre la plantilla. Ahora quita la plantilla y quedará tu diseño.

# Nudos quipu

escultura · **1** preparación · experto

Los jóvenes artistas diseñarán un quipu con nudos y cuerdas, para usarse como collar, cinturón o adorno; tal vez hasta para llevar el control de algo que necesita ser contado.

## Materiales
Un pedazo de cordón o hilo bramante de 60 cm de largo aproximadamente
Silla
Cuerda de varios tamaños, desde 15 a 60 cm
Tijeras
Cinta adhesiva

## Proceso
1. Ata un pedazo grueso de cordón de 60 cm de largo, aproximadamente de un lado de la silla al otro. Ata ambos extremos para que el cordón quede tenso enfrente del artista, como en la ilustración.
2. Toma un pedazo de cuerda y átala al cordón principal con un nudo. Haz otros nudos en esta cuerda. Hay muchos modos de anudar que puedes experimentar y que pueden ser divertidos como:
   ✔ Hacer nudos grandes y pequeños.
   ✔ Hacer nudos arriba y debajo de la cuerda.
   ✔ Dar vuelta y doblar la cuerda alrededor del cordón principal.
   ✔ Atar pequeños pedazos de cuerda a los más largos.
3. Agrega más cuerdas y más nudos para que eventualmente llenes el cordón principal.
4. Usa o exhibe tu quipu.

## Variación
Escoge una cuerda para cada persona en tu familia. Ahora haz un nudo por cada año que la persona haya vivido –cuántos cumpleaños ha pasado, por ejemplo. La cuerda de mamá puede tener 30 nudos y el de papá 32, tu hermanita 3 y tú hermano mayor 10 nudos. Puedes poner cuerdas para tus mascotas también. Cada año puedes ir agregando nudos a cada miembro de la familia como parte de la celebración de cumpleaños.

**INCA, PERÚ**

## ¿Sabías que...?

Los antiguos incas diseñaron un sistema de conteo y control con cuerdas de colores, que tenían nudos estratégicamente colocados llamados quipus, y eran atados a un cordón base. Las cuerdas eran de diferente longitud, grosor y color. No había dos quipus iguales. Este sistema de conteo tan complejo era leído por los "quipu camayocs" (vigilantes de los quipus). El antiguo arte del quipu todavía se practica en las montañas andinas del Perú, pero mucha de la habilidad para leerlo se ha perdido.

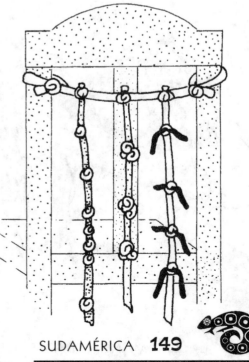

# Sombreros con listones

**INDIOS MAYAS, CENTROAMÉRICA**

## ¿Sabías que...?

El pueblo maya está constituido por gente de los actuales países de Honduras, Salvador, Guatemala, Belice y los estados mexicanos de Tabasco, Chiapas y toda la península de Yucatán. Esta civilización floreció por alrededor de 1000 años. Hoy en día todavía existen 2 millones de mayas que hablan su propio idioma. En festividades de carnaval, los hombres asisten ataviados con trajes rojos y sombreros decorados con listones, a la usanza tradicional de sus ancestros.

Los jóvenes artistas capturarán la celebración del carnaval maya, por medio de agregar listones brillantes a sombreros de paja.

## Materiales

Sombrero de paja de ala ancha (o cualquier sombrero)
Listones y otros materiales para colgar, en colores brillantes (usa varios largos, anchos, patrones y texturas) tales como:

| | | |
|---|---|---|
| Listones | Hilos | Tiras de tela |
| Sobrantes de costura | Papel crepé | Orillas de papel de computadora |

Modos de pegar los listones al sombrero como:

| | |
|---|---|
| Engrapadora | Pegamento para tela |
| Tijeras | Hilo y aguja |

## Proceso

1. Selecciona listones, hilo y adornos para decorar tu sombrero de paja de ala ancha. Si no consigues un sombrero de paja, lo puedes hacer con cualquier sombrero viejo, gorra de béisbol o gorra de esquiar, o decora un plato de papel para usarlo como sombrero.
2. Ponle listones y otros materiales para colgar con el método que consideres mejor y más fácil, engrapando alrededor de las orillas, pegando o cosiendo en el área central del sombrero. Algunos diseños consisten en dejar colgando los listones de las orillas, haciendo rizos o dobleces. Una sugerencia: junta varios listones y pégalos o cóselos juntos y átalos así al sombrero.
3. Deja que las áreas con pegamento sequen bien.
4. Usa tu sombrero en un desfile, una celebración o solamente por diversión.

# Código mixteco

dibujo · preparación 2 · experto

Los jóvenes artistas pueden construir un código plegable con dibujos y símbolos que proveen a otros de información acerca del artista.

## Materiales

Papel blanco de estraza cortado en 30 cm x 2 m
2 pedazos de cartón 30 x 30 cm
Una taza de café o té fuerte, frío y una pequeña esponja
Pegamento y cinta
Marcadores
Regla y lápiz
Pintura de agua y brochas

## Proceso

### Para preparar el papel "corteza" para el código

1. Despliega el papel blanco de estraza en una mesa. Pégalo de las orillas para que no se arrugue. De ser necesario, moja la esponja en el café o té y exprímela sobre el. Esparce el líquido por todo el papel "pintando" con la esponja para cubrirlo pero deja unas áreas blancas también. Déjalo secar completamente y quita la cinta. Las manchas café le darán al papel una apariencia de corteza antigua.
2. Tendrás que doblar el "libro" hacia atrás y hacia delante como acordeón. Mide 30 cm en ambos lados del papel, haciendo unas marcas en cada medida. Dobla el papel en cada marca, primero hacia un lado y luego hacia el otro como pantallas dobladas.
3. Pega el primer cuadro doblado del papel a un cuadro de cartón, para que sirva de portada del código. Ahora pega otro cuadro de cartón en la última página para que sea la contraportada del código. Utiliza más cinta si es necesario. Déjalo secar.

### Para escribir el código

1. Abre el código en la primera página (la primera de la derecha). Piensa en algo que quieras decir a otros a través de dibujos en vez de palabras, por ejemplo: Cuenta la historia del artista dibujado de derecha a izquierda con marcadores.
2. Utiliza tus colores acrílicos para decorar tu portada y todo tu trabajo. Los antiguos códigos mixtecos utilizaban rojo oscuro, azul verdoso, café dorado y negro suave. Sin embargo cualquier color que te guste servirá.
3. Exhibe tu código abierto y en una posición en la cual todos puedan leer y disfrutar.

## MIXTECOS, MÉXICO

## ¿Sabías que...?

El arte de un código —un libro de corteza de árbol o piel de venado que abre y cierra como un acordeón— es parte de la herencia dejada por los indios mixtecos de México. Solamente 16 códices han sobrevivido. Estos libros contienen jeroglíficos y pinturas que relatan historias, la geografía del área o calendarios y leyendas mixtecas. Cada código parece ser un instructivo, tal vez para el uso de sacerdotes o gobernantes. Los libros van de derecha a izquierda con pinturas en colores mate como: café dorado, negro suave, azul verdoso o rojo oscuro.

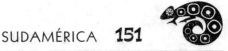

# Cortes especiales de tela

### PANAMÁ, ISLAS SAN BLAS

## ¿Sabías que...?

Los nativos de las islas de San Blas, en Panamá, son conocidos por sus aplicaciones con diseños recortados, que crean con telas coloridas. Las telas son sobrepuestas en capas y recortadas una por una. Todas las orillas son cosidas a mano dejando ver las capas inferiores. Estos bellos diseños son considerados obras de arte, pero también usados en el hogar como decoración o para venta a turistas de Panamá.

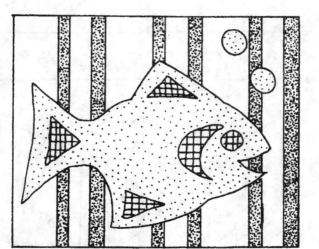

Los jóvenes artistas crean un diseño de corte especial usando cualquier tela a la mano, sin necesidad de coser en esta versión simplificada.

## Materiales

3 piezas de tela, de diferente color o patrón, de aproximadamente 23 x 30 cm
Cartón mate o cartulina, de 20 x 28 cm aproximadamente
Engrapadora o cinta adhesiva
Gis
Tijeras con punta afiladas
Cuerda, opcional

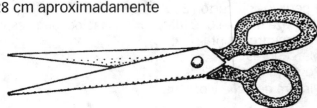

## Proceso

1. Centra la pieza de tela sobre el cartón o cartulina. Dobla las orillas de la tela hacia la parte de atrás y pégalas con la cinta, engrapar también funciona. Voltea la tela hacia arriba nuevamente.
2. Centra tu segundo pedazo de tela en la misma forma que la primera, doblado y pegando las orillas en la parte posterior. (En una versión simplificada, usa únicamente dos pedazos de tela y ve directamente al paso número 4.) Agrega la tercera tela con el mismo procedimiento sin olvidar pegar las orillas en la parte posterior del cartón o cartulina.
3. Nuevamente voltea tus telas hacia arriba. Con el gis dibuja dos figuras o diseños grandes sobre la tela. Dibuja varias figuras más (por lo menos tres pero no más de diez) Las figuras pueden ser geométricas, abstractas o realistas, como flores, corazones o animales.
4. Con ayuda de un adulto, usa las puntas de las tijeras para perforar la parte superior de la tela (la tercera pieza únicamente) y recorta sobre el dibujo hecho con el gis, levantando la tela un poco para que no recortes las telas que están debajo. Al hacerlo verás la tela que se encuentra debajo de ésta. Recorta las demás figuras de la misma manera.
5. A continuación selecciona una de las figuras y dibuja una más pequeña en medio de ésta. Recorta esta figura como en el paso 5 revelando la tercera capa que está por debajo (la primera tela que colocaste). Haz lo mismo con las demás figuras dibujando una más pequeña dentro de ésta. El diseño completo de recortes te enseñará la capa superior con otras dos capas viéndose por debajo.
6. Pega una cuerda en la parte posterior para poderla colgar en la pared y exhibir tu trabajo artístico o, colócala en una repisa recargada en la pared.

# Escultura de una anaconda

construcción  preparación  principiante

Los jóvenes artistas construirán una enorme anaconda con una sábana vieja y un alambre grueso.

## Materiales

Sábana vieja
Un pedazo largo de alambre flexible grueso
Hilo grueso o estambre
Pintura para tela y brochas

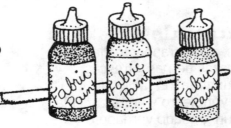

## Proceso

1. Extiende tu sábana en tu lugar de trabajo.
2. Coloca un pedazo largo de alambre diagonalmente cruzando la sábana de una esquina a la otra.
3. Envuelve el alambre con la sábana para formar el cuerpo de serpiente.
4. Ahora enrolla el hilo o estambre alrededor de la sábana enrollada para hacer una forma alargada y fuertemente anudada.
5. Dobla la figura de manera que se asemeje a una criatura como la anaconda.
6. Pinta la serpiente con manchas amarillas o tú escoge los patrones y colores.
7. Déjala secar toda la noche.
8. Coloca la víbora en diferentes lugares, por ejemplo, sobre las almohadas, cuélgala de una puerta o colócala sobre un barandal. Diviértete teniendo una anaconda hecha en casa.

**PARAGUAY, BRASIL**

### ¿Sabías que...?

Sudamérica es el hogar de las serpientes más grandes. La anaconda vive en el agua y puede medir hasta 15 m aunque normalmente miden entre 3 y 6 m. Las anacondas son amarillentas, con manchas oscuras irregulares. No muerden pero aprietan hasta matar a su presa. Son constrictores muy fuertes y se alimentan de aves y pequeños animales. Les temen a los humanos.

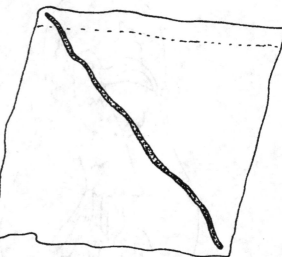

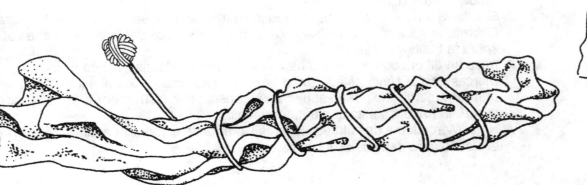

# Calabazas grabadas

**PERÚ**

Los jóvenes artistas grabarán diseños con colores de crayón, similares a los grabadas por la gente de los Andes peruanos, con calabazas lisas o alguna fruta que tenga la cáscara dura

## ¿Sabías que...?

Trabajos bellos y detallados de arte son hechos a través de la decoración de calabazas. Cualquier fruta con cáscara dura puede ser usada. La gente de los Andes peruanos es reconocida por sus trabajos altamente decorativos, que hacen por medio de raspar y escarbar diseños en calabazas. Éstas son usadas como recipientes decorativos y también vendidas como esculturas.

## Materiales

Jabón, agua, trapo y toalla
Calabazas tiernas y frescas
Para un grabado fácil
    Crayón negro y quita cutícula
Para un grabado verdadero
    Toalla gruesa
    Lápiz o marcador
    Clavo muy afilado o alguna otra herramienta afilada, con ayuda de un adulto
Marcadores de colores, pinturas de agua o tintas de colores, opcional

## Proceso

Grabado fácil

1. Usa el trapo, jabón y agua para lavar el exterior de la calabaza. Sécala bien.
2. Estudia la forma de la calabaza y decide qué dibujo o diseño grabar en la cáscara. Pasa el crayón negro por toda el área de la calabaza en donde vas a grabar.
3. Usa la quita cutícula para raspar y quitar el color de la calabaza, pero no penetres la cáscara.

Grabado verdadero

1. Limpia la calabaza.
2. Estudia la forma de la calabaza y decide qué dibujo o diseño grabar en la cáscara.
3. Cúbrete el regazo y las rodillas con una toalla gruesa doblada. Coloca la calabaza sobre la toalla y asegúrala.
4. Traza un dibujo con un lápiz o marcador sobre la calabaza. Ahora escarba sobre las marcas con el clavo afilado (o tal vez un palito afilado con el sacapuntas). Experimenta. Supervisado por un adulto puedes usar otros instrumentos filosos para poder escarbar. Trabaja con lo que mejor puedas.

▲ Nota: Marcadores de colores, acuarelas o tinta de colores, pueden ser usados sobre el diseño para darle color a las marcas.

# Móvil de campanillas plateadas

Los jóvenes artistas convertirán platos de papel aluminio en plata para hacer móviles de viento, que sólo necesitan un poco de brisa para emitir sonidos musicales a través del aire.

## Materiales

Un plato grande de aluminio o un molde para hornear panecillos
Platos o moldes para panecillos de diferentes tamaños
Hilaza

## Proceso

1. Pon a un lado el plato de papel aluminio.
2. Haz un hoyo pequeño en la orilla de todos y cada uno de los demás platos con una tijera.

▲ Nota: Puede ser que necesites ayuda de un adulto para hacer los hoyos en los platos con las tijeras.

3. Haz un número igual de hoyos al número de platos que ya perforaste en tu plato grande en diferentes posiciones.
4. Pasa un pedazo de hilaza a través de cada uno de los hoyos en el plato grande y anuda los pedazos al plato.
5. Ata el otro extremo de la hilaza a cada uno de los platos más pequeños hasta que los hayas amarrado todos.
6. Haz tres hoyos en el plato grande distribuidos en forma regular. Ata pedazos de hilaza a cada uno de los hoyos y junta las tres puntas de la hilaza para que puedas colgar tu móvil.
7. Cuélgalo de una rama de árbol del jardín o dentro de tu casa. Los platos colgando del plato grande producirán hermosos sonidos con el movimiento del viento.

## Variaciones

✔ Los platos pequeños pueden ser recortados dándole formas y diseños diferentes.
✔ Puedes cortar el plato grande con tus tijeras y darle una forma que te agrade y hacer más perforaciones a tu gusto.
✔ Cuelga tus platos de aluminio de un gancho o un palo de madera para que lo uses como un móvil dentro de tu casa.

**PERÚ**

## ¿Sabías que...?

La plata es un metal blanco y suave, y fue uno de los primeros usados por los humanos alrededor del año 4000 a. C. Minas muy importantes fueron descubiertas por los españoles en Centro y Sudamérica durante el siglo XVI. Perú, en particular, es uno de los principales productores de plata. Las obras de arte en plata y artículos para el hogar se han convertido en parte de la cultura y el arte en Perú, esto incluye joyería, utensilios para mesa, artículos religiosos decorativos, espejos y monedas. Los móviles de viento son unas de las obras de arte más antiguas del Perú.

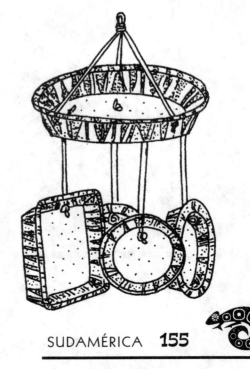

# COLECCIÓN MANUALIDADES

# COLECCIONES

Belleza
Negocios
Superación personal
Salud
Familia
Literatura infantil
Literatura juvenil
Ciencia para niños
Con los pelos de punta
Pequeños valientes
¡Que la fuerza te acompañe!
Juegos y acertijos
Manualidades
Cultural
Medicina alternativa
Clásicos para niños
Computación
Didáctica
New Age
Esoterismo
Historia para niños
Humorismo
Interés general
Compendios de bolsillo
Cocina
Inspiracional
Ajedrez
Pokémon
B. Traven
Disney pasatiempos
Mad Science
Abracadabra
Biografías para niños
Clásicos juveniles

*Manualidades del mundo para niños*
**Tipografía:** *Fernando Soto*
**Negativos de portada:** *Daniel Bañuelos*
**Negativos de interiores:** *Daniel Bañuelos*
**Impresión de portada:** *Editores Impresores Fernández S.A. de C.V.*

Esta edición se imprimió en  Mayo de 2007. Grupo Impresor
Mexicano. Av. De Río frío No 35 México. D.F. 08510

DOBLAR Y PEGAR

-----------------------------------------------------

## SU OPINIÓN CUENTA

Nombre ........................................................................

Dirección ......................................................................

Calle y número ...............................................................

Teléfono .......................................................................

Correo electrónico ...........................................................

Colonia ........................................ Delegación ..................

C.P ............................ Ciudad/Municipio ..........................

Estado ........................................ País ...........................

Ocupación ................................. Edad ...........................

Lugar de compra ............................................................

## Temas de interés:

-----------------------------------------------------

- ☐ Negocios
- ☐ Superación personal
- ☐ Motivación
- ☐ New Age
- ☐ Esoterismo
- ☐ Salud
- ☐ Belleza

- ☐ Familia
- ☐ Psicología infantil
- ☐ Pareja
- ☐ Cocina
- ☐ Literatura infantil
- ☐ Literatura juvenil
- ☐ Cuento
- ☐ Novela

- ☐ Ciencia para niños
- ☐ Didáctica
- ☐ Juegos y acertijos
- ☐ Manualidades
- ☐ Humorismo
- ☐ Interés general
- ☐ Otros

## ¿Cómo se enteró de la existencia del libro?

- ☐ Punto de venta
- ☐ Recomendación
- ☐ Periódico
- ☐ Revista
- ☐ Radio
- ☐ Televisión

Otros ..........................................................................

Sugerencias ...................................................................

Manualidades del mundo para niños

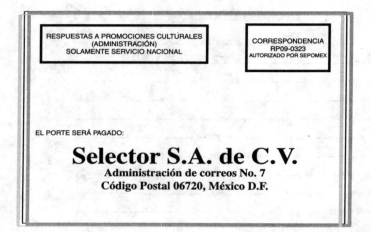

RESPUESTAS A PROMOCIONES CULTURALES
(ADMINISTRACIÓN)
SOLAMENTE SERVICIO NACIONAL

CORRESPONDENCIA
RP09-0323
AUTORIZADO POR SEPOMEX

EL PORTE SERÁ PAGADO:

# Selector S.A. de C.V.
**Administración de correos No. 7**
**Código Postal 06720, México D.F.**